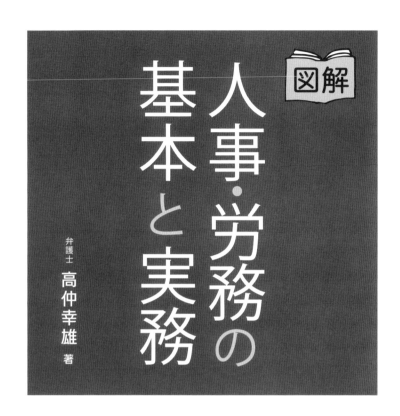

図解

人事・労務の基本と実務

弁護士
高仲幸雄 著

労務行政

はしがき

　本書は、図解（チャート）をメインにした書籍である。

　人事・労務の分野では、検討事項が多岐にわたる上、タイミング・順序と制度間の関連性が重要である。そのため、検討事項をシンプルに分かりやすく可視化する"図解"の手法を用いて、全体像を把握することが必要である。関係者で協議をする際も共通認識を持ち、議論を脱線させず、問題点を見逃さないためのツールとしても有益である。

　パワーポイントを使った授業に慣れた社員が増加し、在宅勤務の増加によってWEB会議における画面共有が一般的になると、人事・労務の分野でも、文章だけでなく図解による説明の必要性が高まってくるだろう。

　そうはいっても、図解は労力の割に報われないことも多い。図表やチャートというだけでネガティブな印象を持たれ、数時間かけて作ったにもかかわらず「お絵描き」と一蹴されるかもしれない。

　しかし、図解を日頃から行っていないと、図表を作る力や図解して説明するスキルは磨かれない。今はニーズがなくても、いずれ必要とされる日が来るだろう。これは、文章の重要性が低くなるということではない。文章の起案能力に加えて、図解のスキルも必要になるという意味である。

　本書では、文章の解説はコンパクトなものにした。個別の論点や制度に関する解説は、他の専門書で確認していただきたい。

　本書にある図解を参考に、各自で補充・修正をして、日頃の業務にお役立ていただければと思う。

　2021年7月

弁護士　高仲幸雄

Contents

Contents

Contents

第10章　トラブル対応・その他の労務問題

凡例

1．本文中の法令名・指針については、略称を使用した。

略称	正式名称
育児・介護休業法	育児休業、介護休業等育児又は家族介護を行う労働者の福祉に関する法律
高年齢者雇用安定法	高年齢者等の雇用の安定等に関する法律
個別労働関係紛争解決促進法	個別労働関係紛争の解決の促進に関する法律
承継指針	分割会社及び承継会社等が講ずべき当該分割会社が締結している労働契約及び労働協約の承継に関する措置の適切な実施を図るための指針
セクハラ指針	事業主が職場における性的な言動に起因する問題に関して雇用管理上講ずべき措置等についての指針
男女雇用機会均等法	雇用の分野における男女の均等な機会及び待遇の確保等に関する法律
同一労働同一賃金ガイドライン	短時間・有期雇用労働者及び派遣労働者に対する不合理な待遇の禁止等に関する指針
パート・有期指針	事業主が講ずべき短時間労働者及び有期雇用労働者の雇用管理の改善等に関する措置等についての指針
パート・有期法	短時間労働者及び有期雇用労働者の雇用管理の改善等に関する法律
派遣先指針	派遣先が講ずべき措置に関する指針
派遣元指針	派遣元事業主が講ずべき措置に関する指針
パワハラ指針	事業主が職場における優越的な関係を背景とした言動に起因する問題に関して雇用管理上講ずべき措置等についての指針
身元保証法	身元保証ニ関スル法律
有期雇用特別措置法	専門的知識等を有する有期雇用労働者等に関する特別措置法
労働契約承継法	会社分割に伴う労働契約の承継等に関する法律
労働時間等設定改善法	労働時間等の設定の改善に関する特別措置法
労働者派遣法	労働者派遣事業の適正な運営の確保及び派遣労働者の保護等に関する法律

2．解釈例規は、年月日、原発番号を括弧内に示した。通達番号に冠した略称は、
　通常、次の分類を示す。
　厚労告　厚生労働大臣が発する告示
　発基　　厚生労働省労働基準局関係の事務次官名通達
　基発　　厚生労働省労働基準局長名通達
　基収　　厚生労働省労働基準局長が疑義に答えて発する通達
　雇児発　厚生労働省雇用均等・児童家庭局長名通達
　職発　　厚生労働省職業安定局長名通達

3．裁判例については、原則として事件名、裁判所名、判決言渡日、判決または決
　定の別をカッコ内に示した。

人事労務における対応の基本手順

第 1 章

　第1章では、人事労務において必要となる基本知識を説明する。個別事案ごとの注意点は第2章以下で説明するが、共通するのは「会社の規則と具体的な証拠（文書）」に基づいた議論をするということである。

　人事制度の変更や人事措置の手順を検討する場合、第1章で挙げた点を見て、漏れがないかを確認してほしい。

Q1　法律や社内規程等をどのように整理するのか？

Q2　規定の読み方や検討方法の注意点は？

Q3　就業規則はどのように作成するのか？

Q4　労働条件明示や労働契約の締結方法は？

Q5　就業規則の不利益変更とは？

Q6　就業規則の不利益変更では、どこに注意するのか？

Q7　労働条件変更への個別同意とは？

Q8　就業規則はどのような手順で作成するのか？

Q9　就業規則の変更はどのような手順で行うのか？

Q10　人事・労務関係の文書の作成・送付方法は？

Q1 法律や社内規程等をどのように整理するのか？

就業規則等の社内規程の中から根拠規定・手続規定等を確認するだけでなく、①法律・判例等の法規制、②労働協約、③労働契約書の内容との整合性を確認する

人事制度の変更や人事上の措置・処分を検討する場合、まずは就業規則等の社内規程を見て根拠規定・手続規定等を確認することが必要である。また、労働組合との間の労働協約、社員との間の労働契約書（労働条件通知書）にある規定との整合性も確認する必要がある。

対象となる事項に複数の規定があり、それらの内容が異なる場合は「優劣関係・効力」が問題となる。そして、この優劣関係・効力は「法律で規定」されている（労働契約法12条、13条、労働基準法92条等）。

法律や判例等の検討も重要だが、前提として就業規則等の規定のピックアップや規定相互の関係を整理することが必要である（➡Q2）。その際に重要な知識には以下のものがあり、これらを整理すると 図1 になる。

❶**就業規則の最低基準効**：就業規則で定められた労働条件が最低基準になり、個別に労使間で締結された労働契約で就業規則よりも低い労働条件を定めても、就業規則レベルまで引き上げられる（労働契約法12条）。

❷**労働協約の効力**：労働基準法92条１項は、就業規則は労働協約に反してはならないと規定している。この「反してはならない」の意味については、労働協約が別途の定めを許容する趣旨でない限り、労働協約より有利にも不利にも異なる定めをしてはならないとするのが多数説である。

❸**労働契約法13条**：労働基準法92条と同趣旨の規定で、就業規則が法令や労働協約に反する内容であってはならないと規定している。労働契約法規の多くは強行法規であり、労使間で「労働基準法」や「最低賃金法」を下回る合意をしても、その効力は否定され、無効となった場合は同法の基準で規律される（労働基準法13条、最低賃金法４条２項）。

図1　法律・他規程等との関係整理

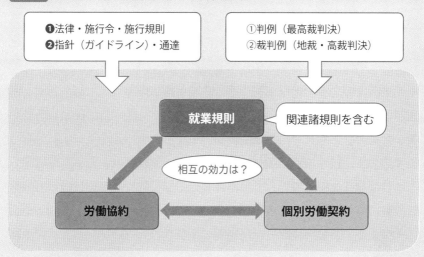

労働契約法	▶9条、10条（就業規則の不利益変更） ▶12条（就業規則の最低基準効） ▶13条（就業規則と法令・労働協約との関係）
労働基準法	▶89条、90条（就業規則の作成・変更の手続き） ▶92条（就業規則と法令・労働協約との関係）
労働組合法	▶16条（労働協約で定めた基準の効力） ▶17条、18条（組合員以外への労働協約の拘束力）

 法律でどうなっているのか以外も重要

解雇や懲戒等の具体的な措置・処分を検討する際は「法律でどうなっているのか？」に議論が集中しがちである。しかし、前提として就業規則・労働協約・個別労働契約にある規定の確認が必要である。また、社内の従前の取り扱い（労使慣行）も確認しておく。出向や労働者派遣の事案では、企業間の「出向契約」や「派遣契約」も確認する必要がある。

人事制度の変更や解雇・懲戒処分等の人事措置の検討では、就業規則等から必要な規定を的確にピックアップし、問題ある規定は早期に見直しをする必要がある

　人事制度の変更や解雇・懲戒処分等の人事措置では法規制や判例・裁判例の検討が必要になるが、就業規則等の規定に則した議論が必要である。人事制度の変更では、就業規則の不利益変更の議論（➡Q5、Q6）をする前に、給与規程や退職金規程等の関連諸規則との整合性を確認しなければならない。また、労働組合との労働協約、個々の社員との労働契約書にある規定との関係を整理することも必要になる（➡Q1）。

　人事制度の変更の検討で、書籍等に掲載されたひな型（新設・変更後の規定例）だけで議論するのはミスを招く。人事制度は相互に関連しているので「表現の整合性」や「相互の影響」の確認が必要である。正社員に新たな待遇を設ける場合は、非正規社員との待遇差（同一労働同一賃金）の問題にも注意する（➡第9章）。

　人事措置の検討においても、就業規則等で根拠規定を探すことは当然として、労働協約や労働契約書との整合性を確認し、規定の効力が否定されないかも確認する（➡Q1）。

　根拠規定以外にも、人事措置の手続きや制限・障害となる規定の確認も必要である。内部通報（公益通報）や育児休業の取得等では制度を利用したこと等を理由とする解雇その他の「不利益取扱いの禁止」が法定されているが、自社で作成している内部通報規程や育児・介護休業規程等の確認も必要である。

　労働組合員の場合、労働組合との間の労働協約において、労働組合との事前協議や労働組合の同意が要件とされている場合がある。

　図2 を参考に、企業側で「規定違反」をしたり、誤った規定の解釈・運用をしないように注意する。

図2　規定の読み方・検討方法

【検討が必要な規定のピックアップ】

❶就業規則や関連諸規則、労働協約等の存在・保管状況を確認する

❷適用される規則の「適用範囲」や「準用」を確認する

❸就業規則や労働協約等の改正経過を確認する（効力発生時期・経過規定の有無）

❹適用条項をリストアップし、それぞれを対比する（制度変更では対比表を作成）

❺規定間の競合関係・優劣関係を確認する

> 規定の抜粋や引用だけでなく、規則全体を用意する。就業規則では、労働基準監督署への届け出状況や社内の周知方法も確認する

【人事制度の変更】

❻規定案作成時に注意
- ・明確で読みやすい体裁にする（別表等の活用）
- ・緊急時対応の例外規定
- ・将来の変更可能性を視野に入れる

❼他制度・他規定との整合性確認
- ・用語の統一／区別
- ・他の待遇への影響
- ・他の雇用類型との整合性

【人事措置の実施】

❽根拠規定の確認
- ・適用範囲、要件
- ・前提事実を裏づける資料

❾他規定との整合性確認
- ・労働協約や労働契約書による効力否定、限定解釈

❿障害となる制度・手続きの確認
- ・法令が禁止する「不利益取り扱い」への該当性
- ・労働組合との事前協議等

Q3 就業規則はどのように作成するのか？

適用範囲（適用社員・別規則との関係）と就業規則の最低基準効が重要である。不利益変更が争われた場合も想定する

社内には契約形態の異なる社員がいるので、就業規則を作成する場合は、適用される契約形態（適用対象）を明確化する必要がある。その前提として、社内における契約形態の区別の基準とそれぞれの契約形態の類型に適切な名称付与（定義づけ）をする必要がある。就業規則を本体と別規則に分けて作成する場合は、別規則との関連性も確認しておく。

スケジュール設定も重要である。過半数代表者の選出や社内周知、労働基準監督署への届け出等の労働基準法上の手続きは事前に確認しておく。労働協約の変更を伴う場合は、労働組合との協議も必要になる。

就業規則や労働契約書等で労働条件が規定されていれば、その変更も必要になる。就業規則の制定後に、就業規則の合理性（労働契約法7条）や変更の有効性（同法9条、10条）が問題にならないよう注意を要する。

労働条件の変更に際して個別同意を得る方法も確認する（➡Q7）。

就業規則の作成手続きの全体像は **図3** で確認する。過半数代表者の選出や社内周知、労働基準監督署への届け出等の労働基準法上の手続きは意識的に書面で記録に残しておくことが必要である。

就業規則の作成・記載事項	
労働基準法上の手続き	89条：常時10人以上を使用する企業の作成・届け出義務 90条：過半数労働組合・過半数代表者の意見聴取（意見書を添付して届け出） 106条、同施行規則52条の2：社内周知方法
絶対的必要記載事項	始業・終業時刻、休憩時間、休日、休暇、就業時転換に関する事項、賃金（臨時の賃金等を除く）の決定や計算・支払いの方法、賃金の締め切り・支払いの時期、昇給、退職・解雇
相対的必要記載事項	退職手当、臨時の賃金等・最低賃金額、食費、作業用品その他の負担、安全・衛生、職業訓練、災害補償・業務外の傷病扶助、表彰・制裁、その他事業場の労働者全員に適用されるもの
その他	用語の定義、適用範囲、法令との関係。附則・経過措置等

 **図3　就業規則の作成手順**

【現状把握】社員ごとの労働条件を確認する

【規則の適用範囲の確認】
❶誰を適用対象にするか？
❷適用規則を分ける基準は？
❸他規則の準用は？

【スケジュールの確認】
❹いつから適用させるか？
❺経過措置を設定するか？
❻社内説明・過半数代表者からの意見聴取

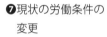❼現状の労働条件の変更
❽就業規則への同意

【就業規則の作成・周知・届け出】
❾就業規則の届け出・必要書類の保管
❿社内周知の記録化

 意見書の提出を拒否された場合の対応

意見書の提出を求められた過半数労働組合または過半数代表者が、当該書面の提出を拒むことがある。このようなケースも想定し、意見書の提出要求や未提出時の督促は、書面で記録に残して実施する。労働基準監督署に対し、企業側が事情を説明し、意見を聴いたことを客観的に証明すれば、意見書の添付がなくても就業規則の届け出は可能である（昭23.5.11　基発735、昭23.10.30　基発1575）。

Q4 労働条件明示や労働契約の締結方法は？

「通知書」ではなく契約書（同意書）の形式とするのが実務的。今後は電子化（印鑑不要）も視野に入れるべき

労働基準法は、労働契約締結の際、労働契約の期間、就業場所、従事すべき業務、賃金等の事項を労働者に文書等で明示することを企業に義務づけている（同法15条１項、同法施行規則５条）。パート・有期法では、労働基準法上の明示事項に加え、昇給・賞与・退職手当の有無等の明示も求めている（同法６条１項、同法施行規則２条１項）。労働基準法およびパート・有期法では「通知」で足り、労働契約書（合意書）の形式にすることまでは規定していないため、厚生労働省が公開している「モデル労働条件通知書」に必要事項を記入して交付するケースも多い。しかし、労働者側が契約内容（労働条件）に同意しているか否かが争いになることを避けるため、契約書（合意書）形式にしたほうがよい。簡便な方法として、「モデル労働条件通知書」の下部に同意書欄を設け、そこに労働者側が署名する方法がある。

今後は、メール送付や電子署名の方法も検討すべきだろう。募集時と採用時の労働条件が変更されている場合、変更理由を説明した上で、変更箇所を明確化して同意を得ておくことは、後から「募集時と労働条件が違う」としてトラブルになることの防止になる（➡Q14）。

有期労働契約では契約更新との関係にも注意を要する。まず、契約更新時は、従前と同じ労働条件でも自動更新とはせずに、更新の都度、労働契約書を締結すべきである。雇止め（労働契約法19条）を巡る紛争で「契約期間や更新手続きが形骸化している」と判断されないようにするためである。契約更新時に労働条件を変更する場合には、更新時の労働契約書に変更内容を明記する。契約期間中に変更する場合、契約書自体を再締結する方法もあるが、変更部分を明記した合意書を作成する方法もある。全体的な手順は **図4** で確認する。

図4　労働契約書の作成手順

❶ 就業規則・他の労働契約書の確認
①就業規則との整合性
②過去の労働契約との整合性
③同種・類似の契約形態の労働者との整合性

❷ 労働基準法等の明示事項の確認
①労働基準法上の明示事項
②パート・有期法の明示事項

・Q14の **図15** 参照
・引用する就業規則
　等の規定も確認

❸ 個別に労働契約書で明示する事項の検討
※就業規則の最低基準効（Q1参照）に注意

〔明示の趣旨を確認〕
①契約内容を限定す
　る趣旨か？
②個別の合意内容
　（根拠規定等）を明
　確化する趣旨か？

❹ 募集時の労働条件との変更箇所の確認

Q14参照

❺ 労働者側の同意の取得方法
※労働者側の契約内容への同意を記録化

〔変更が必要な場合〕
①契約書自体の再締
　結（書き換え）
②該当箇所の個別合
　意書作成

労働条件明示の方法

労働基準法15条による労働条件明示は、書面の交付が原則であるが、労働者が希望した場合には、FAXや電子メール等でも可能である（同施行規則5条4項ただし書き）。誤送信を防止したり、到達の確認・記録化が可能なシステムにしておく必要がある。

Q5 就業規則の不利益変更とは？

就業規則変更によって不利益を受ける労働者が、当該変更の有効性を裁判で争うことができる。波及効果が大きいので要注意

　労働契約の成立・変更は労使合意が原則であり（労働契約法6条、8条）、労働者に不利益な労働契約に変更する場合も同様である（同法9条）。変更について労働者の同意がある場合でも、賃金や退職金に関する不利益変更の同意は、自由な意思に基づいて同意したと認めるに足りる合理的な理由が客観的に存在することが必要である（➡Q7）。

　就業規則の不利益変更について労働者が有効性を争った場合には、労働契約法10条による合理性審査が問題となるが、第四銀行事件（最高裁二小　平9.2.28判決）は「賃金、退職金など労働者にとって重要な権利、労働条件に関し実質的な不利益を及ぼす就業規則の作成又は変更については、当該条項が、そのような不利益を労働者に法的に受忍させることを許容することができるだけの<u>高度の必要性に基づいた合理的な内容のものである場合</u>において、その効力を生ずる」（下線は筆者）とし、賃金・退職金を巡る不利益変更では有効性のハードルを高く設定している。

　就業規則の変更が裁判所によって無効と判断されると、企業の人事実務に大きな影響が生じる。そのため、就業規則の不利益変更では、変更の効力が争われる紛争化リスク自体を減らす措置を講じるのが実務的である。具体的には、①経過措置や代償措置、適用除外規定の設置、②労働者からの個別同意の取得、③労働組合との協議・合意（労働協約）等の方策があり、 図5 の中で位置づけを確認し、スケジュールの中に盛り込んでいく。

　就業規則の不利益変更の場面では、労働基準法に則った手続きを行ったことを意識的に記録に残しておくことも重要である。具体的には、❶過半数代表者の選出、❷意見聴取と労働基準監督署への届け出、❸社内周知である（➡Q3）。

22

図5 就業規則の変更手続き

❶ 規則・手続きの確認
①労働協約との関係　　　　④周知・届け出方法
②個別労働契約との競合関係　⑤従前の手続き・社内慣行
③過半数代表者の選出手続き

❷ 変更箇所の確認
①法律・協約等との抵触　②代償措置・猶予期間

> 労働協約との抵触があれば、労働協約の変更または解約が必要

❸ 労働者・労働組合への説明・協議
①過半数代表者の選出（下段の解説を参照）
②団体交渉　　　③意見書提出の要請

> 個別の同意取得はQ7参照

❹ 届け出・周知
①過半数労働組合・過半数代表者の意見書
②労働基準監督署への届け出
③社内周知

> ①労働基準法上の手続きを確認
> ②同法に則った手続きであることを記録化

 電子メールによる過半数代表者の選出

過半数代表者の選出方法について、電子メールによる方法は法令上禁止されていないが「使用者の意向に基づき選出されたものでないこと」が必要であり（労働基準法施行規則6条の2第1項2号）、選出に当たっての案内文書や投票システムにおいては、民主的な手続きを確保した体制で実施する必要がある。メールに返信がない場合の取り扱いについては、派遣労働者の待遇設定に関する厚生労働省の「労使協定方式に関するQ&A【第3集】」（令和2年10月21日公表）の「問1-9〜問1-11」を参照。

Q6 就業規則の不利益変更では、どこに注意するのか？

変更の有効性の事前予測が困難。紛争化を回避するために「経過措置」や「個別同意」を検討する

就業規則の不利益変更（労働契約法9条、10条）の効力（有効性）が裁判で争われた場合、裁判結果の事前予測が困難である上、変更の合理性・有効性が否定された場合の波及効果は大きい。そこで、実務では、変更の有効性が争われないように経過措置や労働者側の同意・合意を取得する方法がとられることがある。経過措置は就業規則の附則に設けられることが多く、検討手順は 図6 のとおりである。変更の同意・合意は、労働契約法9条の「合意」があるとして、就業規則の不利益変更を巡る同法10条の問題を回避しようというものである（下記条文の下線部分・ 図7 参照）。これらで紛争リスクがゼロになるわけではないが、「経過措置」を講じたことや、多数の労働者から同意・合意を得ていることは、裁判に発展した場合でも、企業側に有利な事情になる。

労働契約法 （就業規則による労働契約の内容の変更）（下線は筆者）

第9条 使用者は、<u>労働者と合意することなく</u>、就業規則を変更することにより、労働者の不利益に労働契約の内容である労働条件を変更することはできない。ただし、次条の場合は、この限りでない。

第10条 使用者が就業規則の変更により労働条件を変更する場合において、変更後の就業規則を労働者に周知させ、かつ、就業規則の変更が、労働者の受ける不利益の程度、労働条件の変更の必要性、変更後の就業規則の内容の相当性、労働組合等との交渉の状況その他の就業規則の変更に係る事情に照らして合理的なものであるときは、労働契約の内容である労働条件は、当該変更後の就業規則に定めるところによるものとする。ただし、労働契約において、労働者及び使用者が就業規則の変更によっては変更されない労働条件として合意していた部分については、第12条に該当する場合を除き、この限りでない。

【検討時の必要資料】
［労働契約（労働条件）の確認］・就業規則、労働契約書（労働条件通知書）、労働協約
［変更内容の確認］・不利益を受ける労働者とその程度（金額）が分かるリスト
　　　　　　　　・代償措置、緩和措置を講じる場合はその内容
［変更手続き］・労働組合との協議、過半数代表者の意見内容
　　　　　　　・社員説明会の資料、個別面談時の説明資料
　　　　　　　・労働者側の「同意」を確認できる書面およびその内容（ 図7 参照）

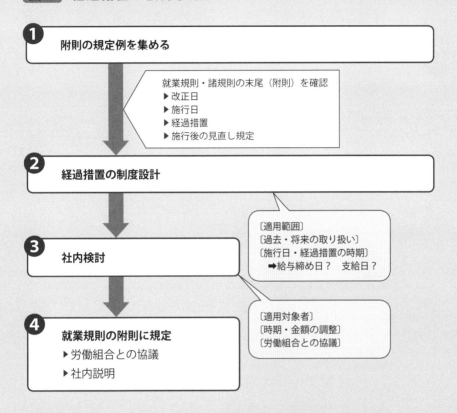

図6 経過措置の検討手順

❶ 附則の規定例を集める

就業規則・諸規則の末尾（附則）を確認
▶ 改正日
▶ 施行日
▶ 経過措置
▶ 施行後の見直し規定

❷ 経過措置の制度設計

〔適用範囲〕
〔過去・将来の取り扱い〕
〔施行日・経過措置の時期〕
➡給与締め日？　支給日？

❸ 社内検討

〔適用対象者〕
〔時期・金額の調整〕
〔労働組合との協議〕

❹ 就業規則の附則に規定
▶ 労働組合との協議
▶ 社内説明

図7 チェックリスト（個別同意を得る場合の注意点）

□同意する内容は特定できているか？
　➡白紙委任はNG（同意対象が不明として同意の効力否定）
□積極的異議がないから「同意している」？
　➡同意は書面で取得することが必要
□同意は「暫定・変更過程」ではなく「最終版」を対象にしているか？
　➡全体・最終の提案に対して同意を得ることが必要
□不利益変更に対する労働者の「同意」の前提として、十分な情報提供をしたか？
　➡メリット・デメリットの説明をしたことを裏づける資料の準備が必要

労働条件変更への個別同意とは？

不利益内容を説明した上で、対象労働者から個別同意を得る方法をいう。説明内容と同意の証拠化・書面化が重要

　労働契約法10条における不利益変更の有効性判断は、さまざまな事情を踏まえての総合判断であることから、事前予測が困難というデメリットがある。そこで、就業規則自体の変更に加え、変更内容に対する労働者からの個別合意を取得する方法がとられることがある。これにより、労働契約法9条の「合意」があるとして、就業規則の不利益変更を巡る同法10条の問題を回避しようというものである（➡Q6）。

　裁判所は、賃金減額のような不利益変更に関しては、同意（合意）の認定に慎重であり、山梨県民信用組合事件（最高裁二小　平28.2.19判決）は、賃金や退職金に関する就業規則の不利益変更における「同意（合意）」について、以下の判断枠組みを示している。

> 就業規則に定められた賃金や退職金に関する労働条件の変更に対する労働者の同意の有無については、当該変更を受け入れる旨の労働者の行為の有無だけでなく、当該変更により労働者にもたらされる不利益の内容及び程度、労働者により当該行為がされるに至った経緯及びその態様、当該行為に先立つ労働者への情報提供又は説明の内容等に照らして、当該行為が労働者の自由な意思に基づいてされたものと認めるに足りる合理的な理由が客観的に存在するか否かという観点からも、判断されるべきものと解するのが相当である（下線は筆者）

　労働条件の不利益変更について労働者側の同意（労使間の個別合意）を得る方法のタイミングや留意点はQ6の 図7 や次ページの 図8 で整理しておく。

　近時は在宅勤務やリモートワークが拡大しているが、電子メールやWEB会議では、労働者との意思確認が困難な場合があるし、当該意思決定に必要な情報提供でも秘密保持の観点からの限界がある。不利益な内容について労働者側から同意・合意を得る事項を電子メールやWEB上でやりとりする方法には限界があり、労使紛争が想定されるような場合には、対面による面談実施の準備もしておくべきである。

図8　就業規則の不利益変更・変更の個別同意

❶ 適用場面
①個別社員ごとに問題
②契約期間中に同意なく労働条件を変更

> 労働協約や労働契約書（労働条件通知書）も併せて確認

❷ 労働契約法10条の判断枠組みに沿って検討
①労働者の受ける不利益の程度
②労働条件の変更の必要性
③変更後の就業規則の内容の相当性
④労働組合等との交渉状況
⑤その他就業規則の変更に係る事情

> 合理性の判断は、個別要素の総合考慮。賃金を巡る問題では有効性のハードルが高く設定されており、事前予測が難しい点に注意（➡Q5）

❸ 緩和措置・代償措置の検討

> 社内説明会時に同意を得る方法もある

❹ 対象者向け社内説明会

> 【就業規則変更以外の措置】
> ①個別同意による変更（➡Q7）
> ②労働協約による変更（➡Q95）

> 過半数労働組合・過半数代表者からの意見書

❺
・過半数代表者の選出方法
・労働基準監督署への届け出
・社内周知

> 意識的に記録化（➡Q5）

Q8 就業規則はどのような手順で作成するのか？

既にある規則や労働契約書をベースに、相互の整合性に注意する。非正規社員では、契約期間・更新を意識する

就業規則の作成は、適用される労働者の権利義務だけでなく、企業の人事制度全体に関わるので、ひな型の流用は危険である。

就業規則では記載事項が法定されており、それらを見れば検討事項は洗い出せる（➡Q3）。労働条件ごとの留意点は各種法律の規制を確認する必要がある。

有期契約社員やパートタイム労働者等の非正規社員に適用される就業規則を作成する場合は、労働条件の整理・統合というケースもある。図9では、有期・パート社員用の就業規則の新設を想定して整理した。

作成手順を図9に即して説明すると、既存の就業規則や個別労働契約書等で適用規定を洗い出し（❶❷❸❹）、特に更新に関する規定に注意した上で（❺）、「労働条件の整理・統合」を行う（❻）。書籍等にあるひな型をそのまま流用すると、既存の労働条件との不整合が生じて混乱するので注意を要する。

❺で契約期間や更新規定の確認を挙げたのは、契約更新時のトラブルに加え、契約期間中に就業規則の作成・変更を行うのか、契約更新時に行うのかが重要であるため、その前提として契約期間や更新規定の確認が必要だからである。

❼❾は通常の就業規則の作成手続きと同じだが、就業規則で漏れた（規定しきれなかった）労働者については、個別に労働契約書を作成するなどして労働条件を明確化しておく必要がある（❽）。就業規則の作成後も、有期・パート社員用に個別の労働契約書が作成される場合がある。労働契約書なしで契約更新をすると、雇止めを巡る紛争（労働契約法19条）になった場合に不利になる（➡Q4）。契約更新の都度、最新の労働契約書で締結し直すことが重要である（❿）。

図9 就業規則の作成手順（有期・パート社員の場合）

❶就業規則の条項確認
①準用する就業規則
②準用する諸規則

❷準用規定の抽出

❸労働契約書・労働条件通知書の確認

❹個別の合意書・契約書の条項

❺契約期間・更新規定の確認
①契約期間の設定
②更新事由
③更新上限
※無期転換制度（労働契約法18条）にも注意

❻労働条件の整理・統合
①適用（準用）が不適切な規定
➡不適用を明記
②適用条項を統合すべき規定
➡条項案を作成
③適用条項を統合できない規定
➡個別合意書とその根拠規定を明記

❾就業規則の作成手続き
①過半数代表者の選出
②社内周知
③届け出

❼就業規則案を作成
❽規則で漏れた部分は個別の合意書（契約書）を作成

❿契約更新時に、新たな就業規則の内容を反映
※更新時の労働契約書に就業規則への同意を規定

労働基準法上の規制（絶対的必要記載事項等）のほか、パート・有期法における規制（同法8条、9条、13条等）にも注意

Q9 就業規則の変更はどのような手順で行うのか?

個別規定の内容・表現に加え、制度相互間の関連性に注意する。
将来の変更可能性も視野に入れておく

各種手当の変更を例に就業規則の変更の手順を説明する。

複雑多岐な手当は、残業代計算等の煩雑さに加え、手当支給の該当要件の確認や規定にない運用の確認作業等を伴う。かつては、「基本給や賞与アップ」と「各種手当の創設・増額」が労使交渉における交換条件になっていたかもしれない。しかし、賃金規程で手当の支給規定を新設すれば、将来の人件費を硬直化させるほか、パート・有期法の均衡待遇・均等待遇（同一労働同一賃金）の規制（同法8条、9条）の問題もある。

手当の整理・統合時に留意が必要なのは、割増賃金の基礎単価との関係である。手当の支給要件に加え、金額変更や日割計算についても検討が必要である。手当分類の視点としては、①業務との関連性（属人性）、②確定性・定期性、③他の賃金・制度との関連性（独立性）がある。

図10 に即して説明すると、まず、❶で現状の手当の性格を確認する。次に、❷で変更理由を整理する。変更方法の説明では（❸）、就業規則の不利益変更の問題（❹）に加えて、労働契約書や労働協約との整合性の確認が必要であること（❺）、具体的な変更時期や手当の支給時期に応じて、経過措置や日割計算が必要になるので、これらの点も条項例とともに検討しておく（❻）。就業規則の不利益変更の問題を回避するために、個別同意を取得する方法もフォローする（❼）。

以上までが手当自体の検討であるが、手当は他の賃金・制度とも関連するので、他の賃金（❽）、人事制度との関連性も検討する（❾）。

近時は手当の支給・金額で正社員と非正規社員に待遇差がある場合、均衡待遇・均等待遇（同一労働同一賃金）の規制の観点から「不合理な待遇差」に該当しないかの検討も重要である（❿）。

図10 手当の整理・統合手順

❶手当の性格を確認
　①業務との関連性・属人性
　②固定性・定期性
　③他の賃金・制度との関連性

❷変更理由を整理
　①人件費削減
　②賃金計算の煩雑化防止
　③不合理な待遇差・差別の解消
　　・職務内容や勤務形態と関連
　　　しない手当
　　・性別、雇用形態に関連する
　　　手当

❸変更方法
　①手当の廃止、②金額・支給要件の変更、③他の手当との統合
❹就業規則の不利益変更
❺労働契約書、労働協約との整合性（➡Q1）

　　　　　人事制度や他の賃金・手当との関連性

❻変更規定の注意点
　①経過措置
　②例外規定
　③支給対象期間途中での変更
　　（日割計算？）
❼個別同意の取得方法
　➡同意書
　　・契約期間中に実施？
　　・契約更新時の契約内容に
　　　反映？

❽他の賃金との関連性
　①賞与・退職金
　②割増賃金
❾役職・人事制度との関連性
　①役職定年制度
　②役職手当
　③管理監督者の取り扱い
❿他の契約形態との待遇差

Q10 人事・労務関係の文書の作成・送付方法は？

文章の内容に加え、使用する用語・送付方法・到達の記録化まで視野に入れて検討する。裁判の証拠となる意識が必要

　社員の問題行為が判明するや「こんな社員は懲戒解雇だ。懲戒解雇処分通知を作れ」などと担当部署に指示するのは危険である。せかされて結論ありきの書面を作成することになり、ミスが起きるからである。長い文書や形容詞の多い文書も危険である。その分、企業側の立証の負担を増やすからである。法的な話になる前に、通知書を作成する上では、以下の点を押さえておく必要がある。

①一文を短く書く、②記載事項ごとに裏づけ資料（証拠）を確認する、
③文書内で用語の統一・区別を意識する、
④社内用語や意味不明な英語（横文字）は使わない、⑤指示語を多用しない

　②の証拠では、❶会社内部の検討メモや稟議資料と、❷客観証拠や本人の弁明書・始末書を分けて、❷を最終チェックすることが必要である。

　③の用語の区別は、以下のような概念・用語で問題となることが多く、定評のある書籍や行政のリーフレットで確認する必要がある。

①出勤停止／自宅待機、②休業／休日／休暇／休職、③降職／降格、
④内定／内々定／試用期間、⑤法定労働時間・法定休日／所定労働時間・所定休日、
⑥管理職／管理監督者、⑦代休／振替休日、⑧労使協定／労働協約、
⑨労災補償／労災上積み補償、⑩退職勧奨／合意退職／解雇

　文書の中で就業規則の適用条項を引用する場合は、労働協約や労働契約書（労働条件通知書）との整合性の確認が必須である（➡Q1）。文書の送付方法では、基本的な郵便制度や電子メールの開封確認等の機能は確認しておく。ポイントは到着の記録化と受け取り・受信拒否時の対応である。既に労使間で文書のやりとりがある場合、形式・書体をそろえるほか、過去の文書と整合させる必要があるので必ず参照する。

　作成・発出の直前になって文書の修正・変更が必要になることもあり、**図11**のような手順書を作成しておき、検討漏れがないようにする。

 **図11　文書の作成・送付方法**

❶　過去の社内資料・本人宛書類の収集

※送付方法や宛先（住所・メールアドレス等）も確認

❷　人事書類との整合性

①就業規則・給与規程の条項確認（用語の不統一に注意）

②労働組合員の場合は労働協約も確認

③本人に関する人事上の情報（残業代請求、育児・介護休業申請、ハラスメント申告等）の確認

❸　文書の内容・形式

①正確な引用・表記

②伝達事項の明確性

③命令・注意喚起事項

④今後のスケジュール

　（期限・提出書類）

❹　反論を想定したチェック

①一方的である　➡根拠規定を引用

②不正確・不明確　➡過去書面を引用

③意味不明　➡項目・番号を付して平易化

④他の社員への影響、不公平　➡不適切な表現や他者への言及は避ける

❺　確実な送付

①送付予定日の確認

②確実に到達できる送付手段を送付予定日までに検討

③到達方法の記録化の方法確認

④到達記録の保存

⑤返信を要求する場合の宛先・期限の設定

募集・採用・試用期間・正社員登用等

第2章

　第2章では、入社に関する事項（募集・採用・試用期間等）を説明する。また、試用目的での有期労働契約や正社員登用についても説明する。

　「内定取り消し」や「本採用拒否」を想定しながらの採用選考や新人教育を行わないと、後から能力不足や適格性を問題とすることは難しい。掲載の図を参考に、手順や想定されるトラブルを確認してほしい。

Q11 募集・採用を巡る紛争の注意点は？

トラブルの場面に応じて検討すべき法律問題が異なる。タイミングと説明方法が重要

企業には採用の自由があるが、「内定」や「採用」の通知後、企業側から契約を終了するときは労使紛争を想定しなければならない。時間の経過につれて契約終了のハードルは高くなるので、タイミングが重要になる。

募集段階では、他者（自社社員を含む）を介して採用する場合に職業安定法上の規制に注意する。採用・内定段階では、「不採用の理由」を巡って差別やプライバシーが問題となることがある。募集時と採用時の労働条件・契約形態に相違がある場合も注意が必要である（➡Q14）。中途採用では、本人の能力のほか秘密保持義務や競業避止義務に注意する（➡Q19）。

内定取り消しも、労働法上は「解雇」に該当するため、解雇規制をチェックする必要がある。内々定の取り消しでも慰謝料請求が認められたケースがあり、安易な「内々定」「内定」の発言や書面発行にはリスクがあるため、どの時点で契約成立なのかを明確化しておくことが重要である。

募集・採用の場面で問題となる職業安定法上の各種規制は内容が複雑であり、同法の条文以外に行政の指針も検討する必要があるが、まずは厚生労働省のリーフレットで基本的な知識は事前確認しておく。内々定や内定については、法的議論のほか、社内資料の確認も重要である。入社誓約書、契約書（労働条件通知書）等の各資料を確認し、今後想定される問題を 図12 を参考に検討する。労働関係法令に違反した場合、ハローワークにおける求人の不受理（職業安定法5条の5ただし書き）や企業名公表の制度がある点にも注意する。

インターンシップを巡るトラブルの対応では、社内規程や対象者との合意書等に加え、行政の「インターンシップの推進に当たっての基本的考え方」も確認しておく。

図12　募集・採用の全体図

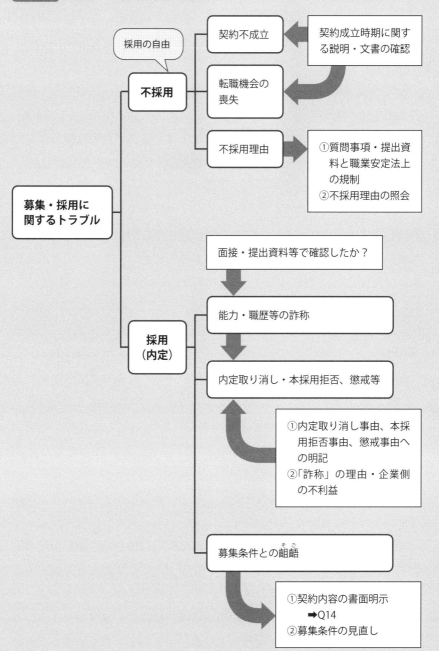

採用の自由

不採用

契約不成立 ← 契約成立時期に関する説明・文書の確認

転職機会の喪失

不採用理由 → ①質問事項・提出資料と職業安定法上の規制
②不採用理由の照会

募集・採用に関するトラブル

採用（内定）

面接・提出資料等で確認したか？

能力・職歴等の詐称

内定取り消し・本採用拒否、懲戒等

①内定取り消し事由、本採用拒否事由、懲戒事由への明記
②「詐称」の理由・企業側の不利益

募集条件との齟齬

①契約内容の書面明示
➡Q14
②募集条件の見直し

Q12　募集・採用から本採用までの流れで注意すべき点は？

現状把握と手続きのストップ（留保）が重要。まずは採用関係の書類をよく読むことが重要

　募集・採用を巡る労務トラブルは時間との勝負である。単なる不採用の事案でも、採用手続きが進行してしまえば「内定取り消し」や「解雇」の問題に発展する。迅速対応が必要なことは、求職者側の転職機会を奪わないという観点からも重要であり、**図13**でポイントを整理した。

　募集・採用を巡るトラブルは、知識・ノウハウが共有されていないことが原因であることも多い。現場からの「不採用の理由を告げることに法的問題はあるか？」との質問の背景には、不採用者に理由を説明すれば納得して紛争回避できるとの期待がある。しかし、不採用の理由を説明する義務はない（➡Q13）し、不採用の理由や採用基準を説明すれば、むしろトラブルを招く。また、「本採用」という言葉から「本採用拒否」が不採用と同レベルで捉えているケースもあるが誤りである（➡Q18）。こういった点は社内で共通認識を持っておく必要がある。

　内定取り消しについては、内定通知書や内定承諾書が重要である。

　本採用拒否は、労働法的には「解雇」であり、本採用拒否の理由と不適格性を裏づける根拠資料が必要である。試用期間の延長をする場合は、延長理由や延長期間中の審査事項を明確化しておく必要がある（➡Q17）。試用期間は労働者側を不安定な立場に置くことになり、安易な延長・再延長は、有効性を否定される（本採用拒否ではなく、通常の解雇と扱われる）リスクがある。

　採用選考時に「○○を質問して問題ないか？」と抽象的な議論をするだけでなく、①選考段階のどのタイミングで、②誰が質問し、③正確・正直な回答が期待できるかも検討する。近時は、④質問内容がインターネット等に掲載されることがある。不適切な質問例は厚生労働省のリーフレット等に掲載されており、採用担当者は必ず目を通しておく必要がある。

38

図13　募集・採用・試用期間を巡るトラブル

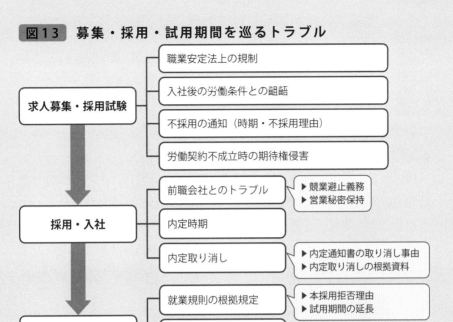

 募集・採用で確認しておくべき裁判例・法規制

経営上の理由による内定取り消しでは、インフォミックス（採用内定取り消し）事件（東京地裁　平9.10.31決定）がある。また、職業安定法上の規制（同法42条、同法施行規則35条、新規学校卒業者の採用に関する指針）にも注意する。

募集・採用に関する規制については、職業安定法の規制のほか、平成11年労働省告示141号、青少年の雇用の促進等に関する法律及び同法に基づく指針（平成27年厚生労働省告示406号）にも注意を要するが、これらはいずれも厚生労働省のサイトからリーフレットが入手可能であり、これらで内容を確認するのが簡便である。

本採用前に判明した経歴詐称にはどう対応するか？

現状における労働者の法的地位を確認する。雇用ステージごとに対応方法が異なる点に注意する

経歴詐称の問題は、雇用ステージごとに対応方法が異なる点を 図14 でイメージしてほしい。

採用選考の段階では、①能力や経験を裏づける資料、②当該領域の専門知識に関する質問で経歴を確認する。また、必要な書類は期日までに提出を求め、書類の不提出等で経歴詐称の懸念があれば不採用（採用判断の材料）とする。不採用の理由を説明する法的義務はなく（慶応大学附属病院事件　東京高裁　昭50.12.22判決）、実務的にも不採用理由を巡るトラブルになるので回答すべきでない。

内定後であれば労働契約関係が成立しているので、その後に企業側が労働契約関係を終了させる内定取り消しは「解雇」と同様の問題になる。内定取り消しの可否では、まずは内定通知書等に記載された内定取り消し事由に該当するかを確認する（➡Q15）。経歴詐称の対象・理由も重要であり、①詐称の内容、程度の重大性、②内定者の社員としての不適格性、③企業秩序や企業運営への支障、④詐称の動機・悪質性を検討する必要がある。

試用期間中である場合、本採用拒否の有効性が裁判等で争われることを想定する。本採用拒否では、正社員としての適格性欠如を裏づける理由を、企業側で具体的に主張・立証することが必要である（➡Q18）。経歴詐称の事実だけでは、正社員としての適格性がないとはいえないケースがあり、本人の能力不足や問題行為を裏づける事情がないかも確認する必要がある。

本採用後は、経歴詐称を懲戒事由とする懲戒処分の問題となる（➡Q58）。

図14 経歴詐称が判明した場合の対応

 想定される能力・条件の特定
- 募集要項や求人票の記載事項
- 入社関係資料の確認
- 採用面接時の回答内容

 「詐称」といえるかを確認
- 単なる「秘匿」ではないか？
- 「黙認」していたといえないか？
- 故意ではない（勘違い）と弁解されないか？

〔資料提出命令〕
①必要性・重要性
②期限を明記した書面で指示

 雇用ステージに応じた対応を検討
❶採用選考
❷内定段階
❸試用期間中
❹本採用後

❶不採用の連絡
➡理由説明の義務なし

❷内定取り消し
「内定」前なら「内々定」の取り消しの問題
（➡Q15）

❸本採用拒否
確認・検討に時間を要する場合は「試用期間延長」を検討
（➡Q17、Q18）

❹本採用後
懲戒処分（➡Q58）
※重い懲戒処分の場合は、根拠・理由について慎重な検討が必要

Q14 採用時の労働条件の設定方法は？

募集時の条件（求人条件）と異なる部分は、該当箇所を明確化する。適用される就業規則との整合性も確認する

募集時の労働条件が採用時と異なる場合、トラブルになるリスクがある。本人の経験・能力等から募集時とは異なる労働条件で採用する場合もあるが、実際の契約内容と変更部分を明示して説明する必要がある。

【変更明示の方法】（①が望ましいが②も可能）①当初の明示と変更後の内容を対照可能な書面を交付、②労働条件通知書で変更部分に下線や着色、脚注を付ける

ケース	例
「当初の明示」と異なる内容を提示	基本給30万円／月 ➡基本給28万円／月
「当初の明示」の範囲内で特定された労働条件を提示	基本給25万〜30万円／月 ➡基本給28万円／月
「当初の明示」にあった労働条件を削除	基本給25万円／月、営業手当3万円／月 ➡基本給25万円／月
「当初の明示」になかった労働条件を追加	基本給25万円／月 ➡基本給25万円／月、営業手当3万円／月

資料出所：厚生労働省リーフレット「労働者を募集する企業の皆様へ」（令和2年1月改正）をベースに筆者が作成

採用形態が有期労働契約である場合、①契約期間、②更新事由や更新上限、③正社員登用は重大な関心事であり、就業規則や労働条件通知書等に則った説明を行う必要がある。入社時に確約できない事項（例：将来の契約更新や正社員登用等）については未確定である（約束できない）ことを説明しておき、過大な期待を持たれないようにする。

転職者の中途採用では、採用担当者と転職希望者との間でさまざまな情報交換や交渉が行われる。交渉段階の話と最終的な労働条件提示の話を明確に区別しておかないとトラブルになる。労働基準法やパート・有期法の明示事項は 図15 のとおりであり、これに 図16 の手順で追加事項を検討することになる。

労働契約書や労働条件通知書を作成する場合は、本人に適用される就業規則との整合性にも注意する（➡Q1）。

図15　労働条件明示のポイント

労働契約の締結時に労働者へ明示すべき事項
（❶～❻は書面交付が必要。❼～❿は書面交付は義務づけられていないが、明示する必要がある事項）

パート・有期法では、労働基準法上の明示事項に加えて、昇給・賞与・退職手当の有無、相談窓口に関する明示も求めている

❶労働契約の期間
❷有期労働契約の更新の基準
❸就業場所・従事すべき業務
❹始業・終業時刻、所定労働時間超えの労働の有無、休憩時間、休日、休暇、2交代制等に関する事項
❺賃金の決定・計算・支払方法、賃金の締切・支払い時期、昇給に関する事項
❻退職（解雇を含む）に関する事項

❼退職手当の定めが適用される労働者の範囲、退職手当の決定・計算・支払い方法、退職手当の支払い時期
❽臨時に支払われる賃金（退職手当を除く）、賞与、精勤手当、勤続手当、奨励加給、能率手当、最低賃金額
❾労働者に負担させるべき食費、作業用品その他に関する安全衛生、職業訓練、災害補償・業務外の疾病扶助、表彰・制裁
❿休職に関する事項

❶～❻の事項については、原則、書面の交付が必要。ただし、労働者が希望した場合は、以下の方法で明示することができる（出力して書面を作成できるものに限られる）
①FAX
②Eメールや、Yahoo!メール、Gmail等のWEBメールサービス
③LINEやメッセンジャー等のSNSメッセージ機能 等
※1　SMS（ショート・メール・サービス）等による明示は禁止されていないが、PDF等のファイルが添付できず、文字数制限もあるため望ましくない
※2　第三者に閲覧させることを目的としている労働者のブログや個人のホームページへの書き込みによる明示は認められない

■電子メール等で労働条件を明示する際の留意点
・労働者が本当に電子メール等による明示を希望したか、個別かつ明示的に確認する
・本当に到達したか、労働者に確認する（受信拒否設定等に注意）
・なるべく出力して保存するように、労働者に伝える（保存期間の限定に注意）
・印刷や保存がしやすいように、添付ファイルで送る
・トラブル防止のため、明示した日付、送信した担当者の氏名、事業場や法人名等を記入

資料出所：厚生労働省「平成31年4月から、労働条件の明示がFAX・メール・SNS等でもできるようになります」を一部改編

図16　採用時の労働条件の設定方法

❶ 適用される就業規則　▶他規則　　▶個別合意　　▶最低基準効（労働契約法12条）

❷ 個別に明示すべき事項　①募集時の労働条件との相違、②更新上限、③特殊性（一定の能力を前提とした採用・役職者採用）

❸ 労働条件通知書等への記入　①労働基準法等の明示事項の確認（➡Q4）、②上記❷の内容

Q15 内々定や内定取り消しの注意点は？

「内々定」や「内定」といえるのかをまずは確認する。取り消し事由を確認した上で、迅速な対応が必要

検討の前提として、現状が内々定や内定に該当するか否かを、入社誓約書や契約書（労働条件通知書）等の各種書類をベースに確認する必要がある。内定で労働契約は成立するが、内定取り消しは企業側からの契約終了なので、解雇に関する規制をチェックする必要がある。他方、内々定では労働契約は成立していないが、内々定の取り消しで企業の損害賠償責任を認めた裁判例がある（①コーセーアールイー［第1］事件　福岡高裁　平23.2.16判決、②コーセーアールイー［第2］事件　福岡高裁　平23.3.10判決）。内々定や内定の取り消しのいずれでも、取り消し事由が書面で明記してあるかが重要である。

新卒採用の内定取り消しでは、取り消しの有効性だけでなく損害賠償による経済的リスク、行政上の規制（企業名公表等）やマスメディアによる報道等のレピュテーションリスクも考慮する必要がある。他方、中途入社・転職者では、採用選考と入社後の賃金等の労働条件の交渉が並行することが多く、どの段階で契約が成立したのかが不明確になりがちなので、正式な契約成立時期（それ以前は契約交渉段階）を明確化しておくことが特に重要である（➡Q19）。

他社への就職機会を奪わないようにするため、内々定や内定取り消しでは、迅速に本人に通知と説明を行う必要がある。企業の経営状況等による取り消しの場合では、一定額の金銭支払いを行って不採用の合意書を作成することがある。

求職者（労働者）側に問題がある場合は、内々定や内定の取り消しについて「同意書」や「辞退書」を提出してもらうことがある。検討事項の全体像は、 図17 で確認されたい。

図17　内々定や内定取り消しの手順

❶ 以下の書類を確認
- ・募集広告、募集要項、申し込みに関する書面
- ・履歴書
- ・対象者とやりとりした文書

採用部門との情報共有
➡入社関連手続きの停止・保留
➡上記の停止・保留に関する対象者への連絡

❷ 対象者との契約関係の確認
- ・労働条件や入社の交渉段階
- ・内々定段階
- ・内定段階

❸ 会社からの通知書・対象者からの承諾書等に記載された取り消し事由の確認

❹ 内々定・内定取り消しの検討
- ・取り消し通知の作成
- ・企業名公表の検討

新規学卒者の内定取り消しについては、職業安定法施行規則17条の4、新規学校卒業者の採用に関する指針参照

❺ 内々定・内定取り消し以外の方法
①不採用の合意書の締結
②内定辞退書等の提出

Q16 試用目的で有期労働契約を締結することは可能か？

試用目的で有期労働契約を締結することは可能。ただし、正社員に採用（登用）しなかった場合を想定した対応が必要

　有期契約の終了後に正社員登用が想定される場合の取り扱いには注意が必要である。法的紛争になれば、有期契約（有期雇用）の期間を正社員の試用期間と主張され、神戸弘陵学園事件の最高裁判決（最高裁三小 平2.6.5判決）をベースに当初から正社員の契約（無期契約）が成立していると主張されるリスクがあるためである。トラブルとなる典型例は、正社員含みで有期雇用として採用したが、実際のパフォーマンスから正社員登用はせず、契約期間満了時に雇止めとした場合である。

　このようなトラブルを避けるためには、有期契約であることを明記した上で、当該期間を「試用期間」などとは記載しないことである。労働条件通知書等に正社員への登用基準を記載する場合でも、あくまで有期労働契約と正社員契約は別契約であることに留意し、①契約期間は有期契約である点、②正社員となる場合は別途の登用試験が必要という点を明記しておくのである　図18　。有期雇用として長期更新することや、無期転換を想定していないのであれば、当初の有期契約から更新上限を設定（例えば通算3回・3年）する方法もある。有期雇用での採用時に「有期なのは形式だけ」「正社員になることが前提」などと言うべきではなく、採用前のメール等においても、表現に注意する必要がある。

　神戸弘陵学園事件の最高裁判決は契約期間自体の認定が難しかったケースにおける判断と限定的に捉える学説が有力であり、近時の最高裁（福原学園事件　最高裁一小　平28.12.1判決）においても、3年を上限とする有期労働契約について無期雇用への移行を否定し、当初の3年の契約期間を試用期間とは捉えてはいない。試用目的での有期労働契約については、判例（最高裁判決）の射程範囲が不明確な分、契約書等の記載内容（労使間の合意）が重要になる。

図18 有期労働契約から正社員への登用の手順

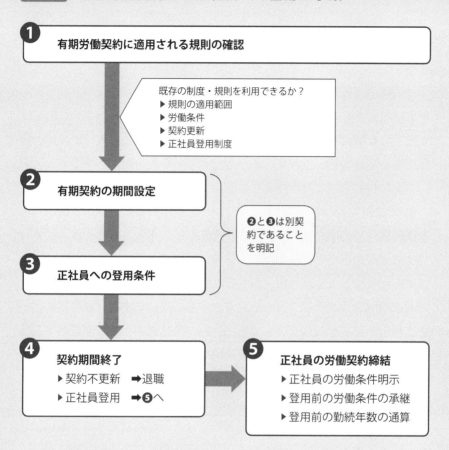

❶ 有期労働契約に適用される規則の確認

既存の制度・規則を利用できるか？
▶ 規則の適用範囲
▶ 労働条件
▶ 契約更新
▶ 正社員登用制度

❷ 有期契約の期間設定

❷と❸は別契約であることを明記

❸ 正社員への登用条件

❹ 契約期間終了
▶ 契約不更新 ➡退職
▶ 正社員登用 ➡❺へ

❺ 正社員の労働契約締結
▶ 正社員の労働条件明示
▶ 登用前の労働条件の承継
▶ 登用前の勤続年数の通算

派遣社員の直接雇用（派遣元とのトラブルに注意）

派遣社員を派遣先が直接雇用する場合、派遣元（派遣会社）との間で締結されている派遣契約書の中に、直接雇用に関する規定があるのが通常であり、該当する規定を確認する。派遣契約を終了させ、新たに職業紹介の手続きを行うケースもある。紹介手数料を巡るトラブルに発展しないように、事前に派遣元と調整すべきである。

試用期間の延長はどのように実施するか？

延長期間中に検討・評価する事項を明確化し、個別同意を得て
行う。本採用拒否をする場合はスケジュールにも留意する

　企業側が正社員としての適格性をより慎重に判定するため、試用期間
の延長を行うことがあるが、漠然と延長するのではなく、延長理由に応
じた対応を検討する必要がある。また、試用期間を延長する際には、延
長期間と延長の理由、企業が必要と考えている能力のレベルを本人に書
面で明示し、合意文書を作成しておく。

　試用期間の趣旨や企業側が考えている正社員の技能レベル（中途入社
や専門職採用の場合は特に重要）が曖昧だと、本人も求められている行
動や成果が自覚できない。試用期間の延長は、ケースによって考慮すべ
き事由がさまざまであるが、おおむね 図19 のように整理できる。

　試用期間延長の合意文書の作成方法であるが、まずは、就業規則等の
根拠規定を確認する。その上で、試用期間の延長理由や、試用期間（延
長期間）中の勤務条件や留意点を明確にする。その中で、企業として必
要と考える能力や改善がない場合には本採用拒否とする意向であること
も明示することになる。

　試用期間の延長は、労働者側にとっては不利な措置である（本採用さ
れない不安定な期間が延長される）ため、①就業規則上の根拠を設け、
②延長期間は合理的期間に設定する（雅叙園観光事件　東京地裁　昭
60.11.20判決）。

　スケジュールは 図20 を参考に設定する。本採用拒否が法的には「解
雇」であることから、30日前の解雇予告または解雇予告手当の準備が
必要である。延長期間満了を待たずに正社員としての不適格性が明確化
した場合には30日前の解雇予告を行い、予告日以降の勤務は不要（免除）
とすることがある（ 図20 のA）。他方、延長期間満了時まで様子をみ
たい場合は解雇予告手当の支払いを行うことになる（ 図20 のB）。

図19 試用期間の延長理由ごとの対応パターン

延長理由	延長期間中の チェックポイント	注意点
本採用を前提としているが、若干の不安がある	延長期間中に問題行為・能力不足が判明するか？	❶本採用拒否の事由をあらかじめ明確化 ❷該当事由があれば文書で指摘
現状では、本採用してよいか、全く判断できない	①スキル不足があるか？ ②問題行為があるか？	❶会社が求める①のレベルや、②の改善点を明示 ❷判断に必要な期間を検討・確保 ❸該当事由があれば文書で指摘
このままでは本採用拒否であるが、特別の改善・成果があれば本採用を再度検討してもよい	延長期間中に挽回できる事象があるか？	❶延長の趣旨を説明 ❷挽回できる事象・レベルを明示し、不達成であれば本採用拒否とすることを文書で指摘

図20 試用期間延長後の本採用拒否の手順

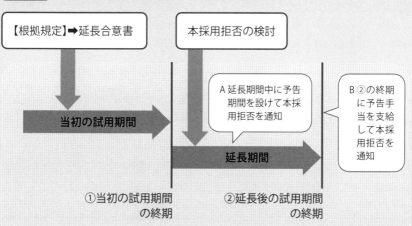

Q18 本採用拒否の方法や留意点は？

本採用拒否は「解雇」であり、就業規則上の根拠規定だけでなく、本採用拒否の理由と裏づけ証拠、手続きに注意が必要

　試用期間中または試用期間満了時の「本採用拒否」は「解雇」であり、この点は就業規則の規定でも明記されていることが多い。三菱樹脂事件（最高裁大法廷　昭48.12.12判決）は、試用期間中の労働関係を解約権留保付の労働契約と構成し、このような留保解約権に基づく解雇は、試用期間が労働者の適格性判定期間であるため、企業には通常の解雇と比べて広い解約権が認められるとしている。

　しかし、実際の裁判例やトラブルを見ると、本採用拒否は容易ではないというのが実情である。企業は、解雇に関する手続きを確認することに加え、正社員としての適格性がないことを積極的に主張立証する必要がある。

　試用期間中の労働者（試用社員）の本採用拒否の場合では、①対象者に適用される就業規則の「試用期間・本採用拒否」に関する規定をチェックすることと、②試用期間中の勤怠不良や問題行為等、「本採用拒否」を基礎づける事由とそれを裏づける資料を確認することが重要になる。試用期間を経過すれば本採用となり、留保解約権の行使はできなくなるので、試用期間中の意識的な審査が必要である。

　試用期間は正社員としての適格性・能力判定のための期間であり、その間にきちんとした判定を行うことが重要である　図21　。

　試用期間延長の措置をとる場合、根拠規定と延長期間中での適格性・能力の的確な判定が必要になる。試用期間満了まで待つか、それ以前（試用期間中）に本採用拒否をするのかを慎重に判断する。有期契約後の正社員採用で、当初の有期契約が「試用期間」と誤解されないようにすることはQ16を、試用期間延長を行う場合は根拠規定と改善点を明らかにすることが必要であることはQ17を参照されたい。

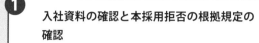
図21 試用期間中の人事管理・本採用拒否の手順

❶ 入社資料の確認と本採用拒否の根拠規定の確認
- ・履歴書等の入社資料
- ・就業規則、労働契約書、労働協約
- ・本採用拒否の事由

↓

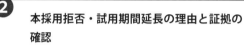
❷ 本採用拒否・試用期間延長の理由と証拠の確認
- ・職務記述書、勤務成果
- ・評価書
- ・出退勤記録、注意書

> 試用期間途中に本採用拒否の通知を行う場合、期間満了前に適格性がないことの明確な事情・根拠を確認
> ➡期間満了までに挽回できない事情・理由を確認

↓

❸ 試用社員との面談
- ・本人の認識の確認
- ・企業側の方針説明

⟷ 試用期間延長の検討（➡Q17）

↓

4-1 合意退職
（下段の解説も参照）

4-2 本採用拒否
- ・理由、証拠の確認
- ・手続き確認（解雇予告等）

合意退職の方法

トラブル防止のために、一定の金銭を支払って合意退職とする方式をとることがある。ケースによっては、一定の期間を「再就職期間」とし、会社在籍のまま再就職活動を認めることがある。退職までの勤務や賃金の支払い方法、退職理由や退職手続き等は、個別面談で協議し、退職合意書を作成する。退職合意書の記載事項についてはQ27参照。

Q19　中途・転職者の採用で注意すべき点は？

高額の給与・上位役職で採用することが多く、最初から正社員として採用する際には、特に慎重な対応が必要。前職における秘密保持義務・競業避止義務にも注意が必要

　役職者採用や一定の技能・能力を前提として採用する場合には、採用前に職務経歴書等で職歴・技能をきちんと確認する必要があるが、前職の環境で業績を上げていても、自社で成果を上げられるかは未知数なことも多い。中途採用や転職者の採用では、　図22　を参考に確認点に漏れがないようにする。

　初回の労働契約は有期契約とすることもある（試用目的の有期労働契約の注意点はQ16参照）。また、業務委託（フリーランス）や委任の形態で契約する方法も考えられる。いずれの場合でも、求められる業務水準や成果は契約書等で明記しておく。

　転職者の採用では、具体的な労働条件の交渉がなされた上で転職に至るケースが多く、どの時点で労働契約成立とするのかを企業側であらかじめ明示しておく必要がある。

　中途採用の場合、①採用すべきか否か、②給与・ポジション（役職）をどうするかという点に重点が行きがちである。しかし、転職者が技術・ノウハウを持った即戦力である場合、前職での秘密保持義務・競業避止義務を確認することも重要である。前職の会社との間における法的トラブルに自社も巻き込まれるリスクがあるからである。そのため、入社前に、自社で就業するに当たり上記義務違反がないことの確認書や誓約書を提出してもらうことがある。

　親族を役職者として中途採用する場合、社内に与える影響は、オーナーの要請か、通常の役員・重役の要請かによって異なるだろう。後者の場合、在職する他の社員が役職を用いた権限濫用と感じ、職場のモラルダウンが起きるリスクがあることに注意する。

図22　中途・転職者の採用を巡る問題

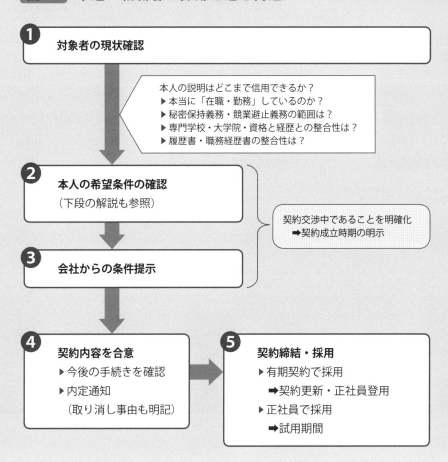

❶ **対象者の現状確認**

本人の説明はどこまで信用できるか？
▶ 本当に「在職・勤務」しているのか？
▶ 秘密保持義務・競業避止義務の範囲は？
▶ 専門学校・大学院・資格と経歴との整合性は？
▶ 履歴書・職務経歴書の整合性は？

❷ **本人の希望条件の確認**
（下段の解説も参照）

契約交渉中であることを明確化
➡契約成立時期の明示

❸ **会社からの条件提示**

❹ **契約内容を合意**
▶ 今後の手続きを確認
▶ 内定通知
　（取り消し事由も明記）

❺ **契約締結・採用**
▶ 有期契約で採用
　➡契約更新・正社員登用
▶ 正社員で採用
　➡試用期間

中途・転職者への確認事項

秘密保持義務・競業避止義務についても確認すること。不正競争防止法等
の法的トラブルに発展する可能性も検討する必要があるが、採用部署や人
事担当者ではノウハウが乏しい場合がある。法務部門や弁護士等の専門家
に事前相談しておくべきである。

Q20 正社員登用の制度設計・運用で注意すべき点は？

正社員登用を期待していた社員の取り扱いに注意する。パート・有期法との関係では、法令・裁判例の確認が必要

有期契約労働者に更新上限を設けつつ、継続して長期雇用したい労働者を正社員登用するケースがある。これを更新上限と正社員登用のセットで制度化している場合、有期契約労働者からすると更新上限後に正社員登用されるとの期待感を持つことがある。

更新上限後の契約変更について、福原学園事件（最高裁一小　平28.12.1判決）は次のように判示している。

> 本件労働契約の定めに加え、被上告人が大学の教員として上告人に雇用された者であり、大学の教員の雇用については一般に流動性のあることが想定されていることや、上告人の運営する三つの大学において、3年の更新限度期間の満了後に労働契約が期間の定めのないものとならなかった契約職員も複数に上っていたことに照らせば、本件労働契約が期間の定めのないものとなるか否かは、被上告人の勤務成績を考慮して行う上告人の判断に委ねられているものというべきであり、本件労働契約が3年の更新限度期間の満了時に当然に無期労働契約となることを内容とするものであったと解することはできない（下線は筆者）

もっとも、上記判決の事案は、有期労働契約とその後の無期労働契約が規定上も区別されていたケースである。有期契約後の正社員登用を巡るトラブル対応では、**図23**の手順に加えて以下の点に留意する。

・正社員登用では選別が不可欠　　・更新上限は契約当初から設定する
・無期雇用前の有期労働契約の性格について規定上明確にしておく

また、次ページ下段の「検討資料リスト」も参照されたい。

パート・有期法の13条では通常の労働者への転換の措置を講じることが義務となっており、同措置の一つとして「正社員登用制度」が設けられていることがある。正社員登用制度を同法8条（均衡待遇）の判断要素である「その他の事情」として考慮するか否かや考慮される場合の程度については、問題となる待遇や人事制度等によって個別に判断される。

図23　正社員登用の手順

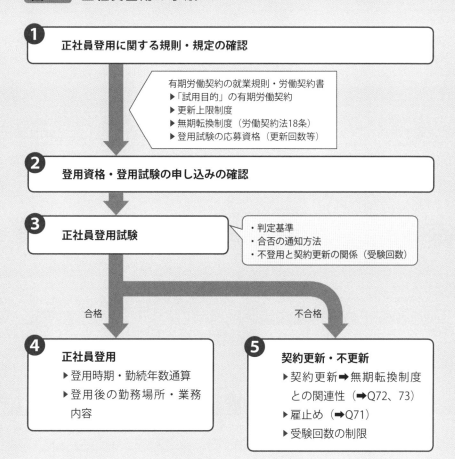

❶ 正社員登用に関する規則・規定の確認

有期労働契約の就業規則・労働契約書
▶「試用目的」の有期労働契約
▶ 更新上限制度
▶ 無期転換制度（労働契約法18条）
▶ 登用試験の応募資格（更新回数等）

❷ 登用資格・登用試験の申し込みの確認

❸ 正社員登用試験

・判定基準
・合否の通知方法
・不登用と契約更新の関係（受験回数）

合格　　　　　　　　　　不合格

❹ 正社員登用
▶ 登用時期・勤続年数通算
▶ 登用後の勤務場所・業務
　内容

❺ 契約更新・不更新
▶ 契約更新➡無期転換制度
　との関連性（➡Q72、73）
▶ 雇止め（➡Q71）
▶ 受験回数の制限

 正社員登用に際しての検討資料リスト

・有期契約労働者用の就業規則、労働契約書（労働条件通知書）
　➡更新の基準や上限、転換（登用）との関連性を確認
・転換（登用）後の無期雇用の契約内容を規定した就業規則・賃金規程
・上記転換（登用）の基準や手続きに関する規定
・過去の転換（登用）の実績

人事 第 3 章

　第3章では、代表的な人事に関する措置を説明する。ポイントは、「法律上は可能か？」「違法にならないか？」をいきなり議論するのではなく、就業規則等の根拠条項を確認することである。

　その上で、掲載した図を参考に手順を確認し、法的な論点や判例・裁判例の議論がどのレベルの話であるのかを意識する。会議では、議論や論点の位置づけを共通認識にしておくとよい。

Q21 配転命令（勤務地変更）を行う場合の注意点は？

就業規則等の根拠規定に加え、限定合意がないかを確認する。
病気や介護等の事情は、本人側からの情報提供が必要

　配転（配置転換）によって①担当職務や職場にどの程度の違いが発生するのか、②役職や賃金に影響があるのかなど、配転命令の内容を確認する。事業所の統合・移転等の大規模な配転では、対象者の人選基準が問題になることもある。

　配転命令の根拠規定は、就業規則や労働協約で規定されていることが多い。ただし、勤務地や職種が限定されている雇用類型（限定正社員等）や個別の労使合意（入社時の約束等）で異動範囲が限定されていることがあるので注意する。企業側に配転命令権が認められる場合でも、配転命令が権利濫用と判断され、当該命令の有効性が否定されることがある。東亜ペイント事件（最高裁二小　昭61.7.14判決）は、配転命令が濫用となる場合を以下のように示している。

　①業務上の必要性がない場合

　②不当な動機・目的によるものである場合

　③労働者に通常甘受すべき程度を著しく超える不利益を負わせるものである場合

　③については、労働者側の病気や育児・介護の負担が問題とされることが多いが、企業側では詳細までは確認できないので、期限を区切って資料提出を求めることになる。配転の手順は **図24** を参照し、職種や役職等も変更になる場合は併せてQ22～24を参照されたい。

　有効な配転命令に従わないことは、業務命令違反となるが、配転拒否の態度を示したからといって、いきなり懲戒解雇等の重い処分をすると懲戒権の濫用（労働契約法15条）と判断されるリスクがある。まずは、配転命令に従うように督促し、配転先で就労しない場合は欠勤（給与は不支給）とする措置を先行させるのが実務的である。

図24 配転命令の検討手順

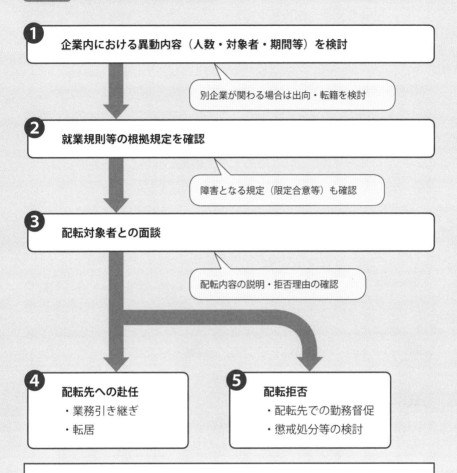

❶ 企業内における異動内容（人数・対象者・期間等）を検討

別企業が関わる場合は出向・転籍を検討

❷ 就業規則等の根拠規定を確認

障害となる規定（限定合意等）も確認

❸ 配転対象者との面談

配転内容の説明・拒否理由の確認

❹ 配転先への赴任
・業務引き継ぎ
・転居

❺ 配転拒否
・配転先での勤務督促
・懲戒処分等の検討

配転規模に応じた準備・スケジュール設定

上記の手順は、一般的な流れであるが、企業や事案によって手順は異なる。配転先での勤務開始日から逆算して、必要な面談や書面の準備を行う必要がある。大規模な配転では、❸の前に、社内説明会を実施することがあり、その場合は、人選基準や配転に応じなかった場合の措置等に関する質問が想定されるので、事前の準備が必要である。

Q22　職種変更を行う場合の注意点は？

職種限定で採用されていないかを確認する。職種変更で基本給・手当が変更になる場合は、減額を巡るトラブルに注意

職種変更では、職種限定の有無および内容から確認する。裁判所は、特殊性・専門性のある業種を除き、正社員の職種限定の合意を認めることに消極的であり、①有期雇用で想定業務が募集・採用時から限定されていたり、②労働者自身によるキャリア形成を前提とする雇用形態で、独自の転職市場がある職種の場合等に限定している。

職種限定でない場合でも、職種変更によって勤務時間や賃金（手当を含む）等の労働条件・勤務形態が変わる場合もあり、職種以外の労働条件の限定がないかも確認する必要がある（次ページ下段参照）。

職種限定が認められる場合でも、労働者との個別合意によって別職種に変更することは可能である。その際は、合意内容の有効性が後から争われないように、労働者側に変更後の待遇について十分な情報提供や説明を行い、書類で記録に残しておく。職種限定がない場合でも長年にわたって同一職種であったり、専門職として入社した者には、十分な理由説明をすべきである。そうした説明が不十分であると、業務上の必要性が否定されたり、他の目的・意図があると判断されるリスクがある。

裁判では、①職種や担当職務の変更によって賃金減額があるか否か、②閑職への異動が退職勧奨目的での嫌がらせ（ハラスメント）に該当するものであるか否か、が争われることもある。紛争が懸念される場合には、 図25 を参考に手順を確認し、職種変更について文書で同意を得ておくのが無難である。

近時、ジョブ型雇用が議論されることがあるが、新規採用者に導入するならともかく、従前の人事制度を変更する場合は、波及効果が大きい。事前のシミュレーションや、施行から一定期間経過後の見直しを想定しておく必要がある。

図25 職種変更の検討手順

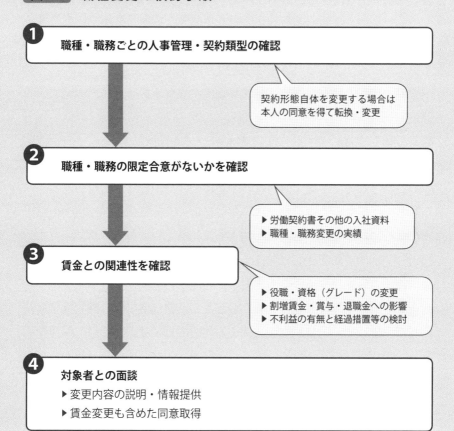

❶ 職種・職務ごとの人事管理・契約類型の確認

契約形態自体を変更する場合は
本人の同意を得て転換・変更

❷ 職種・職務の限定合意がないかを確認

▶ 労働契約書その他の入社資料
▶ 職種・職務変更の実績

❸ 賃金との関連性を確認

▶ 役職・資格（グレード）の変更
▶ 割増賃金・賞与・退職金への影響
▶ 不利益の有無と経過措置等の検討

❹ 対象者との面談
　▶ 変更内容の説明・情報提供
　▶ 賃金変更も含めた同意取得

 変更対象になる労働条件の確認

職種変更では、①役職の変更、②適用される賃金制度の変更、③適用される労働時間制度の変更、といったさまざまな労働条件の変更を伴うことが多い。職種変更に伴って変更となる労働条件を事前に整理し、職種変更とセットで対象者に説明し、同意を得ておくべきである。事案によっては、一定期間の猶予措置や緩和措置を設ける場合もあるので、その点についても事前にプランを作成しておく。

Q23　昇進（役職付与）や昇格を行う場合の注意点は？

役職と資格の関連性、他の人事制度への影響を視野に入れる。
正社員と非正規社員の人事制度や役職の区別も確認する

　役職・資格との整合性を確認することが重要である（次ページ下段参照）。役職は、①管理職・非管理職の区別、②労働組合員の資格、③時間外・休日労働の割増賃金の支給対象（労働基準法41条2号の管理監督者の範囲）、④役職定年制度、等に影響する。賃金の資格等級も、基本給だけでなく、各種手当・賞与や退職金にも影響する場合がある。

　昇進・昇格では、組合員差別や男女差別のように社員間の格差がないかが重要である。役職・資格が中立的な制度として設けられていても、運用が差別的であるとして昇進・昇格差別が問題とされることがある。企業側は、昇進・昇格に差別的取り扱いがないと説明できるように制度内容や運用状況を確認しておく必要がある。具体的には、❶昇進や昇格の基準、❷人事・賃金制度における資格等級と役職の連動性・関連性の有無、❸比較対象とされている社員の雇用形態や賃金体系（比較対象の同質性）を確認する必要があり、手順は　図26　を参照されたい。

　昇進・昇格を労働者側が拒否した場合は懲戒処分の対象になり得る（津田電線事件　大阪高裁　昭53.3.10判決）が、昇進・昇格を拒否する者に強要しても、役職者としての成果を期待することは困難である。後から管理監督者性を争って残業代請求を行う等の紛争リスクもあるので、昇進・昇格を見送る対応が現実的であろう。組合員資格を喪失させるために昇進させたり、組合活動を困難にするために配転すると、労働組合法上の不当労働行為（不利益取り扱い）が問題となるリスクがある（京都地労委［京都市交通局］事件　最高裁二小　平16.7.12判決等）。

　非正規社員と正社員の職務内容や人材活用の仕組みの違いを明確化する場合、非正規社員の役職や賃金は正社員と区別した制度化と運用をすべきである。

図26 昇進・昇格の検討手順

❶ 役職・資格と賃金（賞与・退職金を含む）との関連性を確認

以下の点も併せて確認
▶ 管理監督者・従業員代表の資格
▶ 労働組合員の資格
▶ 役職者の福利厚生制度
▶ 役職定年制度

❷ 昇進・昇格後の待遇変更の試算

❸ 職種・勤務形態の変更の確認

▶ 昇格と昇進の関連性
▶ 役職手当と基本給の関係

昇進・昇格に不満はなくても、職種・勤務形態の変更による不利益・負担を伴うケースでは事前面談を実施

❹ 対象者との面談と社内手続き
▶ 発令時期
▶ 賞与・手当等の計算（算定対象期間をまたぐ場合は要確認）

企業組織内における地位（役職を含めた職務遂行上の地位）が「**職位**」であり、この職位の引き上げが「**昇進**」、引き下げが「**降職**」である。他方、職務遂行能力を体系化して格付け（資格化）し、当該資格に基づいて基本給等の賃金を決定する制度を「**職能資格制度**」といい、この資格の上昇が「**昇格**」、引き下げが「**降格**」である。

降職・降格を行う場合の注意点は？

就業規則等で根拠規定を確認し、懲戒処分として行う場合と区別する。本人希望による降職は、賃金を含め同意書を作成する

降職・降格は、人事権行使として行う場合と懲戒処分として行う場合があるが（次ページ下段参照）、いずれの場合も、①根拠規定の有無・内容、②降職・降格後の賃金の取り扱い——を確認する必要がある。検討手順は **図27** を参照されたい。

降職の場合の経済的不利益は「役職手当の減額・不支給」であり、役職が免じられたのであれば、その対価である役職手当は不支給となる（渡島信用金庫事件　函館地裁　平14.9.26判決）。他方、降職後でも業務の変更がない場合（「役職」が業務と関連していない場合）は、労働基準法91条の規制への抵触を確認する必要がある（昭37.9.6　基発917参照）。

降格は、生涯賃金にも影響するので有効性は厳格に判断され、2段階の降職・降格でも有効性は厳格に審査される。

降職・降格は同一の雇用形態内で行う必要があり、雇用形態をまたぐ変更はできない。成績基準を満たさない営業職員を外部嘱託（委任契約）に切り替えることを認めた裁判例（第一生命保険事件　東京地裁　平12.2.25判決）があるが、導入済みの制度（外部嘱託編入制度）の措置として実施された事案で一般化はできない。

降職・降格を人事権行使として行う場合でも、同時に懲戒処分を科す場合には「二重処分（同一事由について重ねて懲戒処分を行うこと）」といわれないように、面談時の説明や辞令等の記載に注意を要する。

労働者側が自己の健康や家族の介護等を理由にして降職や降格を求めることがある。役職は役職手当だけでなく、基本給（賃金資格）や賞与・退職金にも影響するので、降職や降格を認める場合には、対象期間やこれによる待遇全体への影響を確認し、トラブル防止のために同意書を取得しておくべきである。

図27　降職・降格の検討手順

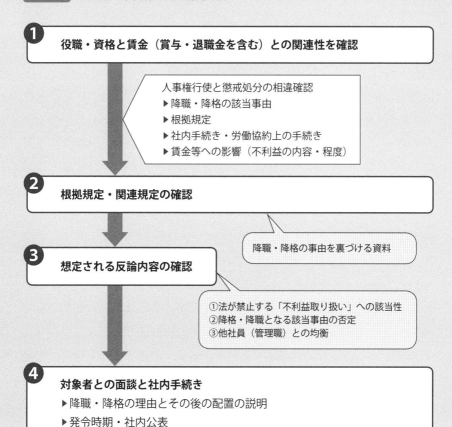

①　役職・資格と賃金（賞与・退職金を含む）との関連性を確認

人事権行使と懲戒処分の相違確認
- ▶ 降職・降格の該当事由
- ▶ 根拠規定
- ▶ 社内手続き・労働協約上の手続き
- ▶ 賃金等への影響（不利益の内容・程度）

②　根拠規定・関連規定の確認

降職・降格の事由を裏づける資料

③　想定される反論内容の確認

①法が禁止する「不利益取り扱い」への該当性
②降格・降職となる該当事由の否定
③他社員（管理職）との均衡

④　対象者との面談と社内手続き
- ▶ 降職・降格の理由とその後の配置の説明
- ▶ 発令時期・社内公表

人事権行使と懲戒処分の区別

役職や資格の変更では、前提となる人事制度や賃金制度が各社で異なる。特に、役職や資格の引き下げ（降職・降格）は、「人事権行使」として行われる場合と「懲戒処分」として行われる場合があり、それぞれで法的根拠や有効性の判断枠組みが異なるので、事前の概念整理が重要になる。

Q25 出向（在籍出向）を行う場合の注意点は？

出向先と出向元との間の「出向契約」、出向社員に適用される「出向規程」の双方を確認する。コロナ禍により、雇用維持目的での異業種への出向も増加している

　出向（在籍出向）は、労働者が出向元企業との労働契約関係を保ちながら、出向先企業と新たな雇用関係を結び、一定期間継続して勤務することをいう。労働契約法14条は出向命令権の濫用に関する規定をするのみであり、出向に関する具体的な法律関係は規定していない。

　出向は、職業安定法が規定する労働者供給に該当するが、企業グループ内の人事交流の一環等の目的で実施される出向は「業として行う」ものではないとして許容されている（次ページ下段参照）。

　出向では、①出向に関する同意の要否や出向に伴う労働条件変更といった労働者（出向社員）との関係、②出向先と出向元との間の企業間の契約関係、③職業安定法上の「労働者供給」への該当性——といった複数の視点からの検討が必要になる。規定の検討段階でも、どのレベルの議論をしているのかを確認する必要がある。出向社員がトラブルを起こした場合でも、①②を区別して検討する必要がある。

　出向には、二重出向、兼務出向、一部出向等のさまざまな種類がある。また、出向期間が限定されていて、将来の出向元への復帰が想定されるものから、一定期間後は出向先に転籍することを前提としたものもある。

　出向に関する議論では、出向元と出向先の出向契約や、出向社員に適用される出向規程、過去の出向事例における取り扱いを確認しておくと検討がスムーズである。規定が不明確な部分や後から紛争化が想定される部分については、対象を明確化した上で、出向社員から事前に確認書（同意書）を取得しておくとよい。出向規程や出向契約書のひな型は、厚生労働省の「在籍型出向"基本がわかる"ハンドブック」に掲載されている。

図28 **出向（在籍出向）の検討手順**

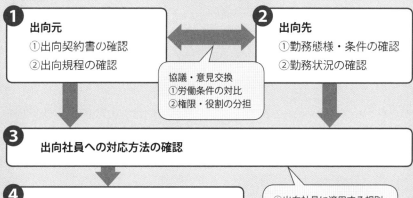

❶ **出向元**
　①出向契約書の確認
　②出向規程の確認

協議・意見交換
①労働条件の対比
②権限・役割の分担

❷ **出向先**
　①勤務態様・条件の確認
　②勤務状況の確認

❸ **出向社員への対応方法の確認**

❹ **出向社員との面談**

①出向社員に適用する規則
②変更となる労働条件
③出向期間・復帰時期
④費用の負担方法

❺ **人事措置**
　▶出向契約書の要件・手続き確認
　▶辞令・同意書の作成

 職業安定法における「労働者供給」

労働者供給を「業として行う」ことは職業安定法で禁止されている（同法44条）が、出向が以下の目的で行われる場合は、同法が禁止する労働者供給とはいえないと解されている。

①労働者を離職させるのではなく、関係会社において雇用機会を確保する
②経営指導・技術指導の実施
③職業能力開発の一環として行う
④企業グループ内の人事交流の一環として行う

実務で問題となるのは、❶出向元が出向によって利益を得ている場合（出向元が利潤目的で出向を行っている場合）、❷請負と出向を組み合わせて、実質的な「労働者派遣」を行っている場合（偽装請負）である。

Q26 転籍を行う場合の注意点は？

転籍では、転籍先での受け入れや転籍者の同意が前提となる。
転籍方法や転籍先での労働条件に関して十分な説明を行うこと

転籍は、移籍出向といわれることもあるが、Q25の在籍出向とは大きく異なる。転籍には、①転籍元との労働契約関係の合意解約と転籍先との新たな労働契約を締結する形態、②労働契約上の地位譲渡の形態——があり、いずれも一方的な業務命令として実施することはできず、対象労働者の個別・具体的な合意が必要とされている。

このように、転籍には労働者本人の同意が必要であるため、転籍拒否を理由に業務命令違反として懲戒処分をすることはできない。

また、転籍では、転籍先との間の新たな労働契約が必須であることから、転籍先が受け入れ（採用）を拒否した場合は、転籍元での退職の効力が発生しないとする裁判例（生協イーコープ・下馬生協事件　東京高裁　平6.3.16判決）がある。

転籍後は、転籍先の労働条件のみが適用され、転籍元の規則は適用されず、転籍前の賃金との差額請求も認められない。もっとも、転籍に伴う労働条件の変更や承継内容が不明確だと労使トラブルに発展する可能性がある。そのため、転籍に際しては、転籍先における労働条件を書面で明示し、それを同意書形式にして、転籍者の同意を明確化しておくのが適切であり、手順は　図29　を参考に転籍元と転籍先であらかじめ擦り合わせておく。

企業の組織再編に当たって、転籍が行われることがある。会社分割では、労働契約承継法で手続きが規定されている。同法の手続き・内容と異なる転籍の合意をしても、同法の趣旨を潜脱（編注：禁止されている手段以外の手段を用いることで、意図的に法の規制を免れること）するものとして転籍の効力が否定されるリスクがある点に注意する（次ページの下段参照）。

68

図29 転籍の検討手順

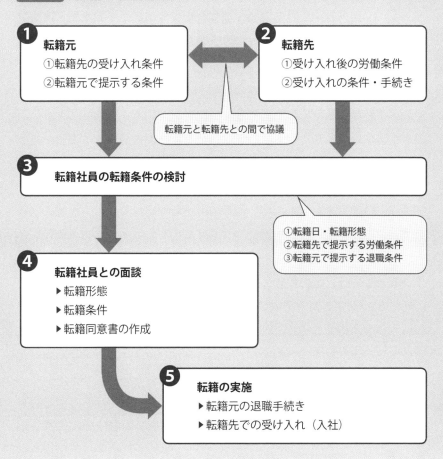

① **転籍元**
①転籍先の受け入れ条件
②転籍元で提示する条件

② **転籍先**
①受け入れ後の労働条件
②受け入れの条件・手続き

転籍元と転籍先との間で協議

③ **転籍社員の転籍条件の検討**

①転籍日・転籍形態
②転籍先で提示する労働条件
③転籍元で提示する退職条件

④ **転籍社員との面談**
▶転籍形態
▶転籍条件
▶転籍同意書の作成

⑤ **転籍の実施**
▶転籍元の退職手続き
▶転籍先での受け入れ（入社）

 会社分割における労働契約承継法の手続き

会社分割において、労働契約承継法の手続きを取らずに、転籍の方法を取る場合でも、同法所定の手続きが必要であり、この手続きを省略すべきでないことは、承継指針（第2の2⑸）および「会社分割・事業譲渡・合併における労働者保護のための手続に関するQ＆A」（Q7－2）参照。

退職勧奨をする場合に注意すべき点は？

①想定質問への回答や②退職合意書を事前に準備する。退職勧奨の手順・スケジュールは①②から逆算する

退職勧奨は、整理解雇や懲戒の措置・処分の有効性が裁判で争われるリスクを軽減するために実務で多く実施されている。退職勧奨を直接規制する法令はないが、強引な退職勧奨は不法行為を構成する場合がある（下関商業高校事件　最高裁一小　昭55.7.10判決）。

退職勧奨を受けた労働者が、労働契約上の身分（労働者としての地位）を失う退職勧奨を拒否したり、退職勧奨後の解雇を警戒し、代理人（弁護士）の選任や地域の労働組合（外部ユニオン）に加入する可能性もある。

企業としては、どの程度まで退職勧奨を行い、それでも応じない場合には、どのタイミングで次のステップに移るかなど、あらかじめスケジュールを決めておくことが重要である。そうしないと、延々と執拗に退職勧奨を繰り返すことになり、不法行為やハラスメント等の問題に発展しかねない。

退職申し出があった場合に備え、退職届や受理承認書はあらかじめ準備しておく（➡Q29）。その他、退職勧奨の理由や退職時の条件等を事前に整理し、①想定質問の回答内容（Q&A集）の作成や、②退職合意書の案も作成しておく。トラブルが想定される場合や退職合意書の内容が複雑な場合には、専門家に①②のチェックを依頼しておくとよい。

退職勧奨で、単に「退職して（会社を辞めて）ほしい」と伝えても応じる可能性は低い。退職勧奨の理由やその後の措置・処分、退職勧奨に応じた場合の退職条件などを検討しておく必要がある。現場でミスが起きないように、 **図30** のようなチャートや **図31** のようなチェックリストを作成しておくのが実務的である。

図30 **退職勧奨における検討手順**

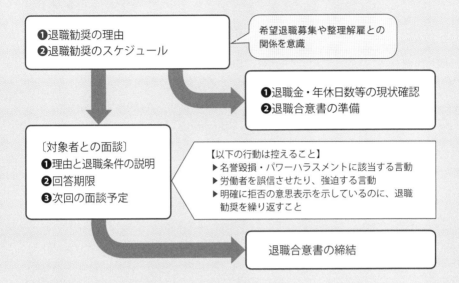

図31 **退職合意書のチェックリスト**

【記載事項】
□退職日・退職理由
□退職金の支給（支給日、支給事由、計算方法等）
□離職票の記載内容
□退職までの勤務、年次有給休暇の取り扱い
□私物の返却方法
□会社貸与物の返却
□社宅の取り扱い
□会社貸付金や社会保険料等の処理
□清算条項（退職後の守秘義務条項等、清算条項から除外する規定の特定）等
【トラブルが懸念される場合に追加する規定】
□上司や会社の役職員個人に対して金銭請求をしないこと
□会社や会社の役職員に対してSNSやインターネット等で誹謗中傷をしないこと
　（既に投稿を行っている場合はすべて削除すること）

Q28 解雇で準備・検討しておくべき点は？

普通解雇・懲戒解雇・整理解雇等の区別、有期契約労働者の解雇の留意点を確認する。解雇予告手当や解雇通知、解雇理由証明書等は事前手配が必要

「解雇の有効性」の議論に入る前に、以下の情報を整理する。

①解雇に関する法規制（解雇予告・解雇禁止・解雇権濫用法理）

②就業規則等にある解雇の種類（普通解雇・懲戒解雇等）・解雇事由

③解雇の手続き（労働組合等との事前協議・本人への通知方法）

④解雇以外の方法（退職勧奨、希望退職の募集等）

⑤解雇後の手続き（解雇理由証明書、離職票の手配）

また、「解雇」の議論では、以下の認識を共有しておく必要がある。

❶対象労働者の契約類型によって、適用される条文（労働契約法16条、17条1項）や解雇の有効性の判断枠組みが異なる（有期契約労働者の解雇は「やむを得ない事由」が必要であり、正社員の解雇よりも難しい）

❷「整理解雇」や「本採用拒否」は、「（普通）解雇」の一類型である

❸懲戒処分として実施する解雇として、「懲戒解雇」や「諭旨解雇（諭旨退職）」がある

解雇に関する法律上の論点を検討した上で、就業規則上の規定を確認するのでは二度手間になる。また、これらの確認が終了してから解雇に関する資料（証拠）の確認や解雇に関する書面（解雇予告通知書や解雇理由証明書等）を作成するのでは時間と労力がかかる。さらに、解雇予告手当の計算で直前に混乱することが多いので、あらかじめの手配が必要である。このように、解雇に当たっては、確認・検討する事項が多いため、 図32 を用いて関係者で認識を共有しておくとよい。

近時、欠勤を続けたり、退職の意思を示していた労働者が、後になって解雇されたと主張するケースがある。解雇していないことを書面等で明確化しておかないと、解雇予告手当の請求など解雇を巡るトラブルにつながるので、注意を要する。

図32　解雇における検討手順

```
┌──────────────────────────────┐        ┌────────────────────────────┐
│ ❶法律上の解雇・不利益取り扱い禁 │ ─────→ │ ①手続き規定や②労働協約の   │
│   止規定の確認               │        │   規定も確認               │
│ ❷就業規則等における解雇条項     │        └────────────────────────────┘
└──────────────────────────────┘
```

┌────────────────────────────────┐
│ ❶解雇予告・解雇予告手当の検討   │
│ ❷通知方法の検討   │
│ ❸解雇理由証明書等の書面準備   │
└────────────────────────────────┘

┌────────────────────────┐
│ 〔概念の整理〕   │
│ ❶有期契約期間中の解雇   │
│ ❷整理解雇   │
│ ❸本採用拒否   │
└────────────────────────┘

┌────────────────────────────────┐
│ 労働者は、解雇理由証明書の交付を要求 │
│ できる（労働基準法22条）。就業規則の解 │
│ 雇条項を確認し、解雇理由を整理した上 │
│ で、解雇理由証明書に記載する   │
└────────────────────────────────┘

┌────────────────┐
│ 本人への通知   │
└────────────────┘

整理解雇の４要素（４要件）

整理解雇の有効性判断の「４要素（４要件）」について、国家戦略特別区域法に基づいて定められた「雇用指針」では、裁判例の傾向を次のように整理している。

①人員削減の必要性	裁判例では、人員削減をしなければ倒産する状況にあることを要求する事例もあるが、多くは、企業の経営判断を尊重し、債務超過や赤字の累積等の企業の合理的運営上の必要性で足りるとしている
②解雇回避努力義務	裁判例では、解雇回避措置を画一的に求めるものではなく、個々の具体的な状況の中で真摯かつ合理的な努力をしたかについて判断している
③整理解雇対象者の選定の妥当性	裁判例では、被解雇者選定について、規律違反歴、勤続年数、年齢等の客観的に合理的な基準を設定し、それにより公正に選定が行われていれば、妥当と認める場合が多い
④解雇手続きの妥当性	裁判例では、労働協約で組合との協議を義務づける条項がある場合に、協議を経ないで行った解雇は無効としている

Q29 退職届が提出された場合の確認点は？

退職届が提出された場合は、①撤回の有無、②営業秘密・不正行為の有無、③退職日までの勤務を確認する。トラブルが懸念される場合は退職合意書を作成する

　退職届が届いた場合や口頭で退職の申し出があった場合の対応としては、「退職の撤回」を認めるか否かで対応方法が大きく異なる。法的にいえば、①撤回ができない辞職の意思表示と、②企業側が承諾するまでは撤回可能な合意退職の申し出との区別という論点であるが、実務では、退職の撤回をさせたくない場合は退職届の受理承認書を速やかに発行するという対応をとる。

　企業側で「退職させたくない」という場合は、退職を申し出た本人に撤回の意向を確認し、慰留することもある。もっとも、優秀な社員ほど、既に転職の話を進めており、相応の理由も説明する（できる）ので慰留には限界がある。優秀な社員の退職の背景に転職先からの引き抜き行為があっても、通常の転職勧誘であれば、法的に阻止することはできない。他方、急な退職（辞職）や、同業他社への集団転職の事案等では、退職直前に企業秘密や顧客情報等の持ち出しの可能性があり、至急の確認が必要である。退職合意書の中にある機密保持の条項を明確化・精緻化することも検討すべきである。退職までの期間は限られており、**図33**で早急に手順を確認しておく。

　近時は、Eメールで一方的に退職の連絡が届く場合や、退職代行会社や弁護士が代理で退職（辞職）の文書通知をしてくることがある。退職時には、さまざまな書類があり、退職届だけで済むものではない。また、離職票の記載や退職金の算定で退職理由（事由）が問題となることもあるので、自社所定の退職届を送付し、自署で記入（署名捺印）してもらう。退職代行会社が退職条件や未払残業代等を交渉する場合、非弁行為（弁護士でない者が報酬目的で法律業務等を取り扱うこと。弁護士法72条参照）との関係も問題となる。

図33 退職届が提出された後の検討手順

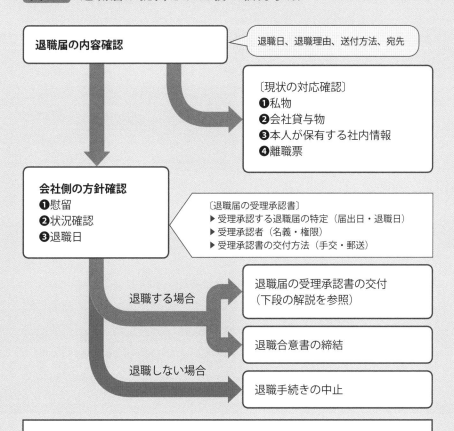

退職届の内容確認 ← 退職日、退職理由、送付方法、宛先

〔現状の対応確認〕
❶私物
❷会社貸与物
❸本人が保有する社内情報
❹離職票

会社側の方針確認
❶慰留
❷状況確認
❸退職日

〔退職届の受理承認書〕
▶受理承認する退職届の特定（届出日・退職日）
▶受理承認者（名義・権限）
▶受理承認書の交付方法（手交・郵送）

退職する場合 → 退職届の受理承認書の交付（下段の解説を参照）

退職合意書の締結

退職しない場合 → 退職手続きの中止

退職届の受理承認書の作成

退職届の受理承認書を事前に準備していない場合は、以下の対応を取ることがある。

①提出された退職届をコピーする

②コピーした退職届に企業側で「受理し承認しました」と記載し、記載者の署名と日付も付記する

③上記②のコピーを作成し、原本を退職者に交付し、コピーを社内で保管し、受理承認書交付の証拠とする

Q30　希望退職募集で注意すべき点は？

希望退職募集に応募があった場合の承諾方法や退職時期を明確にする。退職条件や割増退職金の計算方法は事前に整理しておく

希望退職募集は、①労働者に対する申し込みの誘い（誘引）であり、②これを受けて労働者が応募し、あるいは退職届を提出する行為が申し込みの意思表示となり、③労働者からの申し込みに対して企業側が承諾することで、合意退職が成立する。希望退職募集の方法で退職させたくない労働者には③の承諾をしないことも可能であり、退職条件として個別に義務を課すことも可能であるが、あらかじめ募集要項等に根拠規定を明記しておくべきである。

神奈川信用農業協同組合事件（最高裁一小　平19.1.18判決）は、選択定年制に基づく退職の申し出を使用者側が不承諾とした事案であり、同事件において最高裁は、承諾がない以上、選択定年制による割増退職金の発生を伴う退職の効果は発生する余地はないとしている。希望退職募集では企業側の「承諾」が重要となるので、承諾の有無や時期を巡るトラブル防止のため、承諾は書面で行う必要がある。一般的な手順は　図34　を参照されたい。

割増退職金の対象となる複数の制度が存在する場合でも、特定の退職制度に応募し、同制度の適用を前提に労働契約の合意解約（合意退職）が成立している以上、他の退職制度による退職の効果を主張することはできない（日本板硝子事件　東京地裁　平21.8.24判決）。もっとも、労働者が複数の退職制度の適用対象となっており、制度ごとに退職金支給額が異なる場合、別制度の紹介や内容説明をしておけば紛争予防になる。

退職金の算定方法では、休職や出向期間の取り扱いが争われることがあるため、賞与や割増退職金の計算方法を明確にしておくべきである。賞与は、給与規程における支給対象期間（査定期間）や支給日在籍要件を確認した上で、希望退職募集に応じた場合の取り扱いを確認しておく。

図34 希望退職募集の検討手順

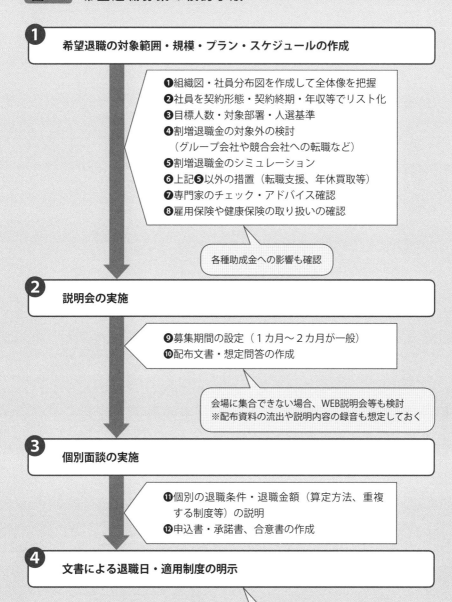

❶ 希望退職の対象範囲・規模・プラン・スケジュールの作成

❶組織図・社員分布図を作成して全体像を把握
❷社員を契約形態・契約終期・年収等でリスト化
❸目標人数・対象部署・人選基準
❹割増退職金の対象外の検討
 （グループ会社や競合会社への転職など）
❺割増退職金のシミュレーション
❻上記❺以外の措置（転職支援、年休買取等）
❼専門家のチェック・アドバイス確認
❽雇用保険や健康保険の取り扱いの確認

各種助成金への影響も確認

❷ 説明会の実施

❾募集期間の設定（１カ月〜２カ月が一般）
❿配布文書・想定問答の作成

会場に集合できない場合、WEB説明会等も検討
※配布資料の流出や説明内容の録音も想定しておく

❸ 個別面談の実施

⓫個別の退職条件・退職金額（算定方法、重複
 する制度等）の説明
⓬申込書・承諾書、合意書の作成

❹ 文書による退職日・適用制度の明示

リモートの場合、書面の提出方法・締切日を明示
（郵送の場合ではタイムラグあり）

労働時間　第4章

　労働時間制度の議論のポイントは、「法律」と「社内の規定・運用」との整合性である。法律については、厚生労働省のリーフレットをベースに、労働基準法等の法令や通達で確認できるが、就業規則や労使協定の規定を確認せずに「法律論」だけをするのは時間の無駄である。

　労働時間では「残業代」「健康管理」「労働時間の記録・管理方法」などテーマが多岐にわたるので、議論の整理が重要になる。

Q31　労働時間について検討する場合の注意点は？

Q32　時間外労働・休日労働の検討で注意すべき点は？

Q33　労働時間の上限規制で注意すべき点は？

Q34　勤務間インターバル制度の設計・運用の注意点は？

Q35　変形労働時間制の設計・運用の注意点は？

Q36　フレックスタイム制の設計・運用の注意点は？

Q37　裁量労働制の設計・運用の注意点は？

Q38　事業場外みなし労働時間制の設計・運用の注意点は？

Q39　管理監督者の取り扱いで注意すべき点は？

Q40　高度プロフェッショナル制度の設計・運用の注意点は？

労働時間について検討する場合の注意点は？

労働時間を巡るトラブルの原因の多くは「本人が申告した労働時間」と「実際の労働時間」の違いである。実際の労働時間をベースにした検討が必要である

　労働時間を巡るトラブルでは、会社に申告された時間（会社の勤怠管理記録にある時間）ではなく、実際の労働時間が問題となる。労働基準法上の労働時間に該当するか否かは指揮命令下にあったか否かで客観的に判断され、就業規則等の規定だけでは対処できない（三菱重工業長崎造船所事件　最高裁一小　平12.3.9判決）。勤怠記録の結果と給与明細や賃金台帳にある残業代（割増賃金）を比較しても、正確な労働時間の把握はできない（例：みなし労働時間や管理監督者）。労働時間の検討では　図35　で議論の位置づけを意識する。

　労働時間の管理・把握の検討に当たっては、労働時間の適正な把握のために使用者が講ずべき措置に関するガイドラインを必ず参照する。

　勤務記録等で「休憩時間」と記録されている時間でも、実際には休憩できておらず「労働時間」に該当するのではないかが争われることがあるため、休憩時間と労働時間の区別も重要である。待機時間が長い運転手や飲食業では、休憩時間を記録化できる仕組みとし、勤務記録で長時間の休憩がある場合には、実際に休憩できているのかの確認が必要である。休憩時間の管理については　図36　を参照されたい。

　社内の電子メールや入退場記録等には保存期間があるので、労働時間や残業代のトラブルでは、早期の記録確保が必要である。

　サービス残業や長時間・過重労働では、現場からの正確・迅速な報告を期待し難いケースがある。当初の見通しと異なり、後から膨大な残業時間が明らかになるという事態を避けるには、初期対応の段階で、電子メールの送受信記録やパソコンの起動時間、オフィスの入退室記録等の社内記録を確認し、実際の労働時間を推計する作業が必要になる。

図35 労働時間の検討手順

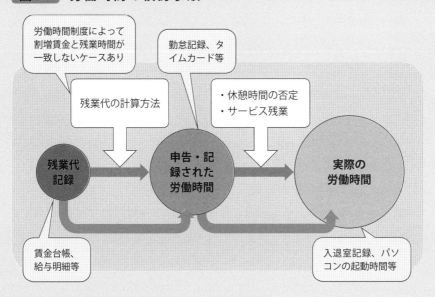

図36 休憩時間の管理

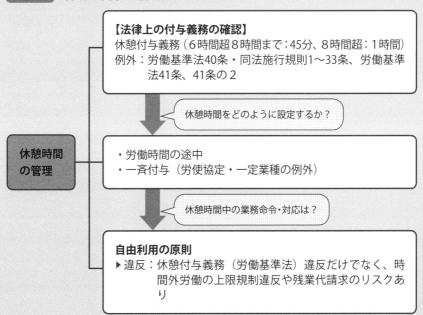

Q32 時間外労働・休日労働の検討で注意すべき点は？

労働時間・休日の「法定」と「所定」の違いを意識し、新様式の36協定に則して検討する

　労働基準法上の法定労働時間は、原則として１日８時間・週40時間であり、法定休日は週１日または４週４日であり、就業規則や労働契約書に記載された所定労働時間や所定休日との違いが重要である。時間外労働では、以下のような上限規制がある（労働基準法36条５項、６項）。

(i)36協定における時間外労働は月45時間を原則とし、45時間を超える特別条項が適用される月数は１年について６カ月以内（年６回）までとすること

(ii)特別条項がある場合でも、１カ月の時間外労働は休日労働を含めて100時間未満、１年間の時間外労働の上限は720時間とすること

(iii)特別条項がある場合でも、複数月（２〜６カ月）の平均で、時間外労働と休日労働の１カ月当たりの合計時間は80時間以内とすること

　労働時間の上限規制への対応は、厚生労働省による新様式の36協定届に則して検討する。①１年や１カ月の起算日、②限度時間を超える場合の手続き、③健康・福祉確保措置、④所定労働時間・所定休日と法定労働時間・法定休日の区別等は、新様式の36協定届の記載欄を見れば具体的にイメージしやすい。④では、労働基準法（法定）と就業規則（所定）で時間外・休日労働の計算方法が異なる部分に注意する。

　検討手順は 図37 、リスクは 図38 で説明する。①規則、②労使協定、③現状の運用方法、④制度の見直しをする場合の変更時期、⑤変更前（過去）の取り扱い等——が問題となる。働き方改革関連法により、労働基準法における時間外労働の上限規制以外にも、労働安全衛生法により医師の面接指導の範囲拡大や労働時間の状況の把握が義務化されている。これらの労働時間に関する法規制の内容は、厚生労働省の通達やQ&A、リーフレットで確認するのが効率的である。

図37　時間外労働・休日労働の検討手順

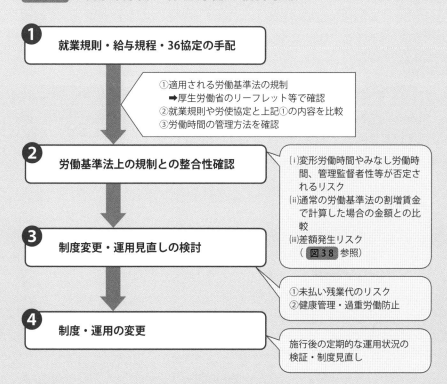

① 就業規則・給与規程・36協定の手配

①適用される労働基準法の規制
　➡厚生労働省のリーフレット等で確認
②就業規則や労使協定と上記①の内容を比較
③労働時間の管理方法を確認

② 労働基準法上の規制との整合性確認

(i)変形労働時間やみなし労働時間、管理監督者性等が否定されるリスク
(ii)通常の労働基準法の割増賃金で計算した場合の金額との比較
(iii)差額発生リスク
（ 図38 参照）

③ 制度変更・運用見直しの検討

①未払い残業代のリスク
②健康管理・過重労働防止

④ 制度・運用の変更

施行後の定期的な運用状況の検証・制度見直し

図38　制度が否定された場合のリスク

変形労働時間制 （1年・1カ月・1週間単位）	通常の法定労働時間（1日8時間・週40時間）を超過した時間分の割増賃金請求
みなし労働時間制 （裁量労働・事業場外）	「みなし時間」を超過した部分の割増賃金請求
フレックスタイム制	通常の法定労働時間（1日8時間・週40時間）を超過した時間分の割増賃金請求
管理監督者	時間外労働や休日労働分の割増賃金請求
高度プロフェッショナル制度	時間外・休日・深夜労働分の割増賃金請求

Q33 労働時間の上限規制で注意すべき点は？

上限規制に抵触しないように、月間の集計前に残業状況を把握できるシステムが必要。限度時間を超えて労働させる場合の手続きは意識的に記録に残す

　時間外労働・休日労働の上限規制に違反する36協定は無効であり、実施された時間外労働・休日労働も違法になる。上限規制（時間外労働と休日労働の合計時間が月100時間未満または2～6カ月平均80時間以内）に違反した場合は罰則がある（労働基準法119条1号〔36条6項違反〕）。上限時間の規制を踏まえた勤怠管理としては、以下の項目が挙げられる。

①月途中における時間外および休日労働時間数の把握
②過去（2～6カ月前）の時間外および休日労働時間数の把握
③超過が懸念される場合に残業制限や休日労働の禁止ができる仕組み
④実効性のある健康・福祉確保措置

　具体的な運用面でのポイントは以下のとおりであり、手順は 図39 を参照されたい。

- 人事部門で「法違反前の事前アラート」のシステムを構築
- 現場（上司）は時間外労働・休日労働を定期的にチェック
  - ➡人事部門と連携したタイムマネジメント
- 労働者（本人）は残業・休日労働制限を視野に入れた業務遂行ならびに残業・休日労働の速やかな申告・反映

　限度時間を超えて労働させる場合には、36協定に労働基準法施行規則17条1項4～7号の定めが必要である（次ページ下段の条文参照）。

　同項7号（限度時間を超えて労働させる場合の手続き）は記録に残す形式で実施する。在宅勤務下での労使交渉は困難であり、通知の方法をとることも多い。同項5号の健康・福祉確保措置については、現場で実施可能なものを選択する（同措置の一つである勤務間インターバル制度についてはQ34）。

図39　時間外労働・休日労働の上限規制への対応手順

❶ 時間外労働の算定
①法定労働時間と所定労働時間の区別
②法定休日と所定休日の区別

「時間外労働」の算定
「回数制限」の確認

❷ 期間途中での経過報告
①時間外労働の経過
②今後の時間外労働の発生
③業務の進捗状況の確認

❸ 時間外労働の制限
①サービス残業の発生に注意
②業務制限・代替要員の手配

❹ 限度時間超過
（下段の解説を参照）
①労働基準法施行規則17条1項7号の手続き
②健康・福祉確保措置
③上限回数のカウント

人事部門が限度時間超過前に情報を確認できる仕組みにしておくこと。在宅勤務や兼業・副業による労働時間通算も視野に入れる

改正後の36協定の内容（労働基準法36条2項各号参照）	
①労働者の範囲	時間外・休日労働を行う業務の種類を細分化し、業務の範囲を明確にすること〔労働基準法第36条第1項の協定で定める労働時間の延長及び休日の労働について留意すべき事項等に関する指針〔以下、指針〕4条）
②対象期間	1年に限る（労働基準法36条2項2号）
③限度時間を超える時間外労働・休日労働させることができる場合	事由は具体的に記載する必要あり
④1日、1カ月、1年の各期間で時間外労働・休日労働させることができる時間・休日数	・36協定の新様式において、「時間外労働」では「法定労働時間を超える時間数」と「所定労働時間を超える時間数」の欄がある。「休日労働」では「労働させることができる法定休日の日数」と「所定休日」の欄がある ・所定労働時間および所定休日の記載は任意

【労働基準法施行規則17条1項】
1号：36協定（労働協約を除く）の有効期間
2号：対象期間（1年）の起算日
3号：時間外・休日労働の合計時間が1カ月100時間未満で、かつ、2～6カ月を平均して80時間を超えないこと
4号：限度時間を超えて労働させることができる場合
※「業務の都合上必要なとき」「業務上やむを得ないとき」など恒常的な長時間労働を招くおそれがあるものは不可
5号：限度時間を超えて労働させる場合の健康・福祉確保措置
〈指針8条が挙げる措置〉
①医師による面接指導　　②深夜業の回数制限
③終業から始業までの休息時間の確保（勤務間インターバル）
④代償休日・特別な休暇の付与　　⑤健康診断　　⑥連続休暇の取得
⑦心とからだの相談窓口の設置　　⑧配置転換　　⑨産業医等による助言・指導や保健指導
6号：限度時間を超えた場合の割増賃金率
7号：限度時間を超えて労働させる場合の手続き

Q34 勤務間インターバル制度の設計・運用の注意点は？

短期間の集中的な過重労働を防止する措置として有益。本格実施前に試験的に運用して改善点がないかを検討する

勤務間インターバルとは、前日の終業時刻から翌日の始業時刻までの間に一定時間以上の休息時間（インターバル時間）を設けることをいう。労働時間等設定改善法の改正により、勤務間インターバル制度の導入が努力義務となった。時間外労働が限度時間を超えた場合の健康・福祉確保措置や高度プロフェッショナル制度における健康確保の措置としても規定されている。Q33で述べた時間外労働・休日労働の上限規制は月単位・年単位である。労働基準法上の上限規制では見えにくい短期・集中的な過重労働を予防する方策としての活用が期待できる。

運用面の留意事項であるが、勤務間インターバル制度自体によって労働時間が削減されるものではなく、長時間労働の是正や適切な労働時間の把握・記録は別途行う必要がある。インターバル時間としての記録をしておかないと「遅刻」や「始業時刻の繰り下げ」との区別ができず、出退勤管理や割増賃金等の計算で支障が出る。

また、インターバル中は業務から離脱させて休息させる必要がある。携帯電話やメールの送信により業務の指示・連絡が行われ、自宅や通勤時間中に仕事をして休息できなかったという事態を避けるためには、インターバルの対象者や時間を職場内で共有し、取引先の対応も代替できる仕組みが必要である。

勤務間インターバルでは、①どの範囲の労働者に適用するか、②裁量労働制やフレックスタイム制との関係をどうするか、③インターバル中で勤務しない時間帯の賃金をどう扱うかなど、検討点は多岐にわたる。制度設計の流れは 図40 を参考にされたい。もっとも、制度施行後に問題点や改善点が判明することもあるので、試験的に施行してみて、一定期間経過後に見直しを検討する方法も現実的である。

図40 勤務間インターバル制度の設計の流れ

❶ 勤務間インターバル制度の目的・趣旨の確認

①健康管理とパフォーマンス維持のために「積極的に休ませる」ことを意識
②健康管理という観点で導入
※育児・介護による勤務軽減は短時間勤務等の育児・介護用の制度で対応可能

❷ 現状確認

労働者の勤務実態（始業時刻・終業時刻等）の把握
①勤務間インターバル制度の導入・運用では、労働時間・インターバル時間（休息時間）を正確に把握・記録できることが必要
②労働時間の把握・記録が適切に行われているか、サービス残業がないかを確認

❸ 制度設計

【制度内容や導入方法を確認】
①既存の制度・運用で参考となるものがないか？
　　※深夜勤務後の午前勤務免除、長時間・連続勤務者の健康管理措置等
②就業規則本体に規定するか？　別規則で規定するか？
【対象社員／部署、インターバル時間等を設定】
①インターバル時間（休息時間）の設定やインターバル後の勤務の取り扱い
　➡終業時刻をどうするか？　短縮時間がある場合は当該時間の賃金をどうするか？
②対象者・対象範囲は？　フレックスタイム制や裁量労働制の対象者は？
③例外事由（時期・部署等）を設けるか？

❹ シミュレーション

①インターバル後の始業時刻の周知方法の確認
②インターバルを意識した勤務表や勤怠システムの作成／残業代の計算
　　※勤怠管理に関するインフラ整備の確認
③インターバルを設けずに勤務する場合（例外事由）の検討
④インターバルを設けずに勤務した（勤務させた）場合の取り扱い

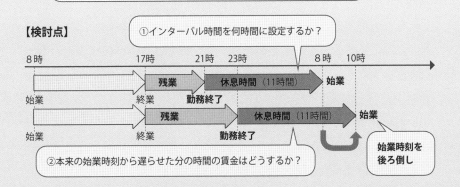

【検討点】

①インターバル時間を何時間に設定するか？

②本来の始業時刻から遅らせた分の時間の賃金はどうするか？

始業時刻を後ろ倒し

Q35 変形労働時間制の設計・運用の注意点は？

従前の勤務体制（シフト勤務）からの移行方法を意識する。導入要件や規定例は厚生労働省のリーフレット等で確認し、三つの変形労働時間制の中から適したものを選択する

　変形労働時間制といいながら、法律と整合していない勤務形態（シフト）の場合がある。１カ月の変形労働時間制と思っていたのが単なる月間シフトで、法に適合しない現場ルールで長年運用されていることもある。変形労働時間制の導入は、従前の労働時間・割増賃金の計算方法が、残業代裁判や労働基準監督署からの指摘で問題化したケースも多く、制度の実施方法に加え、過去分の取り扱いも検討が必要になることもある。制度ごとの要件や規定例は、最新の法令や行政の資料（リーフレット等）で確認する必要がある。ポイントは以下の事項に加え、変形労働時間制において割増賃金が発生する場合の整理である。

1週間単位	1カ月単位	1年単位
①事業要件あり ・小売業、旅館・料理店、飲食店の事業 ・常時30人未満の事業場 ②前週末までに１週間の各日の所定労働時間（10時間以内）を書面通知	①通常の月間シフト勤務との相違を確認 ②労使協定の締結・届け出を行うのかを確認 ③各週・各日の所定労働時間を具体的に定める。いったん指定した時間は変更困難	①繁忙期・閑散期が季節等によって異なる業種 ②恒常的な残業がないことを前提とした制度 ③労働日・労働時間は労使協定で具体的に定めることが必要

　社内の手続きとしては、❶就業規則の改定、❷労使協定の締結（届け出）を中心にスケジュールを組んでいく。❷では、過半数代表者の選出手続きも確認する。新たな変形労働時間制の実施に当たっては、現場責任者には、法律に則ったシフトの作成や通知が必要になることを説明し、当面は人事部門でサポートしたほうがよい。過去分の取り扱いでは、従前の制度との変更点を明確化し、割増賃金の未払いがないかも確認しておく。制度設計の流れは、 図41 を参照されたい。

図41　変形労働時間制の設計の流れ

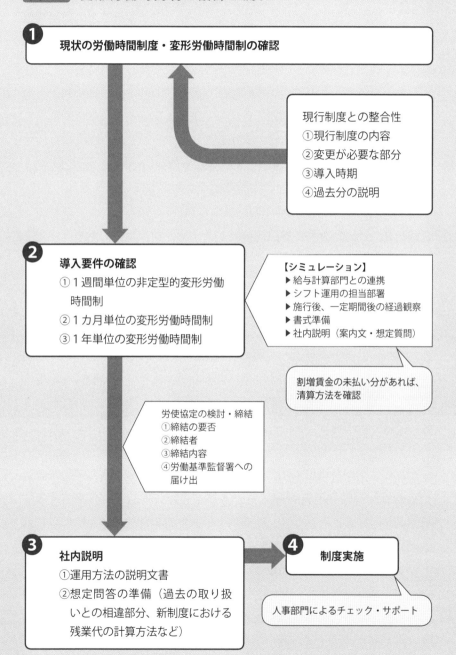

❶　現状の労働時間制度・変形労働時間制の確認

現行制度との整合性
①現行制度の内容
②変更が必要な部分
③導入時期
④過去分の説明

❷　導入要件の確認
①1週間単位の非定型的変形労働
　時間制
②1カ月単位の変形労働時間制
③1年単位の変形労働時間制

【シミュレーション】
▶給与計算部門との連携
▶シフト運用の担当部署
▶施行後、一定期間後の経過観察
▶書式準備
▶社内説明（案内文・想定質問）

割増賃金の未払い分があれば、
清算方法を確認

労使協定の検討・締結
①締結の要否
②締結者
③締結内容
④労働基準監督署への
　届け出

❸　社内説明
①運用方法の説明文書
②想定問答の準備（過去の取り扱
　いとの相違部分、新制度における
　残業代の計算方法など）

❹　制度実施

人事部門によるチェック・サポート

Q36 フレックスタイム制の設計・運用の注意点は？

法改正により利用しやすくなったが、①１カ月ごとの割増賃金支払いと、②清算期間における割増賃金支払いの２段階の割増賃金の計算・支払いが必要になる場合がある点に注意

　フレックスタイム制は、一定の期間（清算期間）の総労働時間を定めておき、労働者がその範囲内で各日の始業および終業の時刻を選択して働くことにより、仕事と生活の調和を図りながら効率的に働くことを可能とし、労働時間を短縮しようとする制度である（労働基準法32条の３、32条の３の２）。設計の流れは 図42 を参照されたい。

　実施に当たっては、清算期間（３カ月以内）、コアタイム、フレキシブルタイムといった基本概念を確認した上で、就業規則に始業・終業時刻を労働者に委ねる旨を定め、労使協定で基本的な枠組みを規定することになる。

　法改正（2019年４月施行）によって、清算期間が延長され、完全週休２日制の場合における計算もしやすくなった。他方、時間外労働の計算において、①１カ月ごとの割増賃金支払いと、②清算期間における割増賃金支払いという２段階の割増賃金の計算・支払いが必要になる場合が出てくる。上記①②の区別と、これを前提にした割増賃金の計算・支払い手続きの事前シミュレーションが必要になる。

　１カ月の中で１週間当たりの労働時間が平均50時間を超える場合（上記①による割増賃金の支払いが必要な場合）は、１カ月当たりの時間外労働もおおむね45時間を超えることが予想される。１カ月を超える清算期間を設定した場合でも、時間外労働の上限規制を意識して、毎月の時間外労働を把握できる状態にしておくことが必要である。

　フレックスタイム制の対象労働者に対しても、フレックスタイム制がどのような制度であり、どのような場合に時間外労働となるのか（上記の２段階の割増賃金支払いも含む）を説明しておかないと、運用面でトラブルとなるので注意を要する。

図42　フレックスタイム制の設計の流れ

❶ 現状の勤務態様の確認

〔既にフレックスタイム制を導入している場合〕
・現状のフレックスタイム制の規程や労使協定の確認
・「時間外労働」の計算方法の確認
・現行制度の運用上の改善点の確認
・適用対象者の労働時間の把握方法の確認

❷ フレックスタイム制の制度検討

・清算期間の長さ
・清算期間の設定
・労使協定案の作成
・就業規則の規定案の作成

❸ シミュレーション

【割増賃金の計算・支払いの運用シミュレーション】
①1カ月ごとの割増賃金の支払いが必要な場合（1週間
　当たりの労働時間が50時間を超える場合）の計算・支
　払い
②上記①で月60時間超の時間外労働があった場合の割増
　賃金の計算・支払い
③清算期間における割増賃金の支払いが必要な場合の割
　増賃金の計算・支払い
④上記①②③が可能となる労働時間の把握方法・計算シ
　ステム

❹ 実施

▶過半数代表者の選出

▶労使協定の締結（届け出）

▶対象労働者への説明

裁量労働制の設計・運用の注意点は？

導入要件が厳格であり、事前に法規制を確認することが重要。
健康管理の観点から労働時間管理は必要

　業務遂行の手段および労働時間配分の決定を労働者の判断に委ね、その間は一定時間労働したものと「みなす」制度であり、①専門業務型裁量労働制（労働基準法38条の３）と、②企画業務型裁量労働制（同法38条の４）がある。いずれも業務遂行方法や時間配分の決定等について使用者が具体的指示をしない業務であることを前提としており、時間とは切り離した成果・業績の把握と適正評価が必要になる。

　図43　を参照して設計手順を確認する。

　裁量労働制であっても、「みなし労働時間」が法定労働時間を超過した場合は割増賃金の支払いが必要である。また、企業側は裁量労働制の適用対象者であっても、健康管理等の安全配慮義務を免れるものではなく、本人の健康状態や成果・業績をみて、通常の労働時間制度に戻す根拠規定を設けておくべきである。

　専門業務型裁量労働制は、業務遂行手段や時間配分の決定等に関し具体的指示が困難な19の対象業務について、労使協定で労働時間を定めておき、当該業務を行った場合は労使協定で定めた時間を労働したものとみなす制度である。労使協定では、協定内容に加え、過半数代表者の選出手続きも確認する。

　企画業務型裁量労働制は、事業場で労使委員会を設置し、同委員会で企画・立案等の対象となる業務等を決議（労働基準監督署長への届け出が必要）し、当該決議で定めた時間労働したものとみなす制度である。企画業務型裁量労働制の対象業務は限定されている。労使委員会の設置や決議が複雑なため、「労働基準法第38条の４第１項の規定により同項第１号の業務に従事する労働者の適正な労働条件の確保を図るための指針」を確認する必要がある。

図43 裁量労働制の設計の流れ

❶ 現状の勤務態様の確認

①業務遂行方法に関する上司からの指示方法
②仕事の成果・業績に関する評価方法
③実際の勤務時間（残業時間）

❷ 裁量労働制の制度検討

専門業務型裁量労働制

〔対象業務の限定（19業務）〕
①新商品・新技術の研究開発
②情報システムの分析・設計
③記事の取材・編集
④デザイナー
⑤プロデューサー・ディレクター
⑥コピーライター　等

〔実施要件〕
・就業規則の定め
・労使協定の締結と届け出
〔みなし時間〕
・労使協定で定めた時間

企画業務型裁量労働制

〔対象業務の限定〕
事業運営に関する企画・立案・調査・分析

〔実施要件〕
・就業規則の定め
・労使委員会委員の5分の4以上
　の多数による決議と届け出
・本人の同意
〔みなし時間〕
・労使委員会の決議で定めた時間
〔労働基準監督署への報告〕

❸ 裁量労働制の実施・運用

制度実施後も、①対象労働者の勤務状況・健康状態の把握、②適正な業績評価に注意

➡制度・運用で見直しをすべき点がないかを定期的にチェック

Q38 事業場外みなし労働時間制の設計・運用の注意点は？

通信技術の発展で制度の適用・有効性が争われるリスクが高まっている。実際の勤務内容との乖離が大きい場合は見直しが必要

　事業場外みなし労働時間制は、①労働時間の全部または一部について事業場外で業務に従事した場合で、かつ、②労働時間を算定し難いときに、原則として、就業規則や労働契約で定められた所定労働時間を労働したものとみなされる制度である。所定労働時間を超えて労働させることが必要な場合は、当該業務の遂行に通常必要とされる時間を労働したものとみなされるが、その時間は労使協定で定める必要がある（労働基準法38条の２）。一部事業場外みなしの場合は、事業場内の労働時間は実労働時間で把握して、みなし部分と合算する。

　事業場外みなし労働時間制でも、休憩や休日、時間外労働、休日労働および深夜労働に関する労働基準法上の各種規制を受ける点に注意する。また、割増賃金請求の裁判では、事業場外みなし労働時間制の要件である労働時間を算定し難いときが厳格に解釈され、みなし労働時間制の適用が否定された判例・裁判例もある点に留意する。

　設計手順は **図44** を参照されたい。事業場外みなし労働時間制の適用対象者（一部事業場外みなし労働時間制の対象者も含む）については、同制度の適用が否定された場合に発生する割増賃金をシミュレーションし、実際の勤務状況との乖離（かいり）が大きい場合は見直しが必要である。また、事業場外みなし労働時間制の対象者であっても、健康管理等の安全配慮義務（労働契約法５条）を免れるものではない点にも注意する。

　職場外でも随時の報告・対応を求めたい現場のニーズと、事業場外みなし制度で残業代を圧縮したいというニーズを両立させることは難しい。在宅勤務やリモート勤務で安易に「事業場外みなし」を適用するのはリスクがある（在宅勤務・リモート勤務はQ91参照）。

図44　事業場外みなし労働時間制の設計の流れ

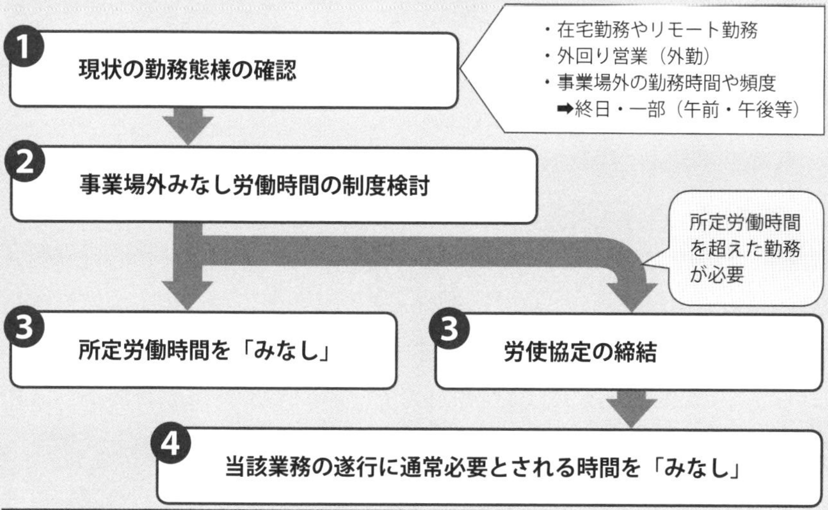

❶ 現状の勤務態様の確認

・在宅勤務やリモート勤務
・外回り営業（外勤）
・事業場外の勤務時間や頻度
　➡終日・一部（午前・午後等）

❷ 事業場外みなし労働時間の制度検討

所定労働時間を超えた勤務が必要

❸ 所定労働時間を「みなし」

❸ 労使協定の締結

❹ 当該業務の遂行に通常必要とされる時間を「みなし」

事業場外みなしに関する通達

以下のような場合は、使用者の具体的な指揮命令が及んでおり、労働時間の算定が可能なので、みなし労働時間制は適用されない（昭63.1.1　基発1・婦発1）

①何人かのグループで事業場外労働に従事する場合で、そのメンバーの中に労働時間の管理をする者がいる場合

②事業場外で業務に従事するが、無線やポケットベル等によって随時使用者の指示を受けながら労働している場合

③事業場において、訪問先、帰社時刻等当日の業務の具体的指示を受けた後、事業場外で指示どおりに業務に従事し、その後事業場に戻る場合

以下の要件をいずれも満たす在宅勤務では、原則として事業場外労働のみなし労働時間制が適用される（平16.3.5　基発0305001、平20.7.28　基発0728002）

①業務が、起居寝食等私生活を営む自宅で行われること

②情報通信機器が、使用者の指示により常時通信可能な状態におくこととされていないこと

③業務が、随時使用者の具体的な指示に基づいて行われていないこと

Q39 管理監督者の取り扱いで注意すべき点は？

労働基準法上の「管理監督者」として認められるハードルは高い。深夜労働の規制や健康管理のために労働時間の管理・記録は必須

労働基準法41条2号は「監督若しくは管理の地位にある者」（以下、管理監督者）を法定労働時間や休日に関する規制の適用除外としている（深夜労働は除外されない点に注意）。もっとも、労働基準法の管理監督者に該当するか否かは、同法における基準で判断され、企業内の役職とは一致しないことがある。社内で管理監督者（管理職）扱いをされていた社員が「労働基準法上の管理監督者ではない（名ばかり管理職である）」と主張して時間外・休日労働の割増賃金を請求することがある。

管理監督者が労働時間・休日に関する規制の適用除外とされているのは、企業において経営管理的な立場にあるため、職務上労働時間規制になじまず、上記規制がなくても保護に欠けることがないためである。かつては労働基準法に基づく行政通達や裁判例で指摘されている管理監督者の要素をクリアしていても、時代の変化で管理監督者性が否定されることも考えられる。例えば、電子メールや携帯電話がない時代は現場責任者に相当の権限があり、出退勤の裁量もあっただろうが、現在では、権限・裁量は相当限定されてきている。一定の役職者以上を管理監督者として一律に位置づけた場合、労働基準法上の管理監督者性が否定される（争われる）リスクは内包されている。年功序列で昇進させれば、管理職の自覚・権限・裁量は期待し難く、上記リスクは高まる。

管理監督者として扱う役職の範囲を見直すことがある。今後拡大する在宅勤務やリモート勤務では、出退勤の自由は管理監督者性を裏づける根拠としてはインパクトが小さくなるだろう。管理監督者として扱われている役職者では、労働時間の管理・把握がルーズになっていることがあるが、深夜労働や過重労働の把握のために勤務状況の把握・管理は必須である。検討手順の全体像は 図45 を参照されたい。

図45　管理監督者を巡る検討手順

❶ 現状の勤務態様の確認

〔役職制度〕役職・資格、社内権限
〔賃金制度〕時間外、休日、深夜
〔労働時間制度〕裁量労働制、フレックスタイム制、高度プロフェッショナル制度

❷ 行政通達・裁判例との対比

職務内容、責任・権限	勤務態様	賃金等の待遇
①採用・解雇の権限や関与 ②職務内容としての人事考課 ③労働時間の管理（残業命令等の権限）	①遅刻・早退等の取り扱い（不利益措置の有無） ②労働時間に関する裁量 ③部下の勤務態様との相違	①基本給、役職手当等の優遇措置 ②支払われた賃金の総額 ③時間単価

上記の判断要素は厚生労働省リーフレット「労働基準法における管理監督者の範囲の適正化のために」にあるもの

❸ 範囲の見直し

▶役職範囲の見直し

▶見直し後に「管理監督者」でなくなる者の取り扱いの検討

　※見直し後の出退勤管理と残業代支給、過去分の残業相当額の取り扱い

▶見直し後も「管理監督者」となる者の取り扱いの検討

❹ 対象範囲の明確化

▶規則・社内運用（実態）との整合性

▶出退勤時刻や実際の勤務時間の記録・状況把握

導入要件が非常に厳格。適用対象から外れた場合の勤務方法や
賃金まで検討しておく必要あり

時間外労働・休日労働・深夜労働をした場合、労働基準法では割増賃金の支払いを義務づけている。同法41条2号の管理監督者でも、時間外労働および休日労働の割増賃金の支払いは対象外となっているが、深夜労働の割増賃金の支払いは必要である（➡Q39）。裁量労働制（専門業務型・企画業務型）では、一定の労働時間と「みなす」ことができるが、休日労働および深夜労働の割増賃金の支払いは必要であるし、みなされた労働時間で時間外労働分が発生すれば、その分の割増賃金が発生する（➡Q37）。

高度プロフェッショナル制度（特定高度専門業務・成果型労働制）では、割増賃金の問題は発生せず（同法41条の2）、時間と賃金を切り離した雇用類型である。高い職業能力と年収（賃金）を有していることを前提としており、導入要件は非常に厳格である。

制度導入に当たっては、労働基準法や同法施行規則の該当条文のほか、行政の指針や通達、リーフレットの参照は必須であるし、専門家に事前相談すべきであろう。制度設計や運用面で不備があると、過重労働が放置されたり、高度プロフェッショナル制度の効力が認められず、膨大な割増賃金が発生するおそれがある。

本人の給与について割増賃金分が発生しない（時間外労働や深夜労働分を組み込んだ）ことを想定して金額を設定した場合でも、制度適用後に本人から同制度の同意撤回（適用除外の申請）があった場合、その後の賃金設定をどうするかは難問である。

高度プロフェッショナル制度適用時の賃金設定のみならず、同意撤回等で上記制度が適用されなくなった後の勤務も視野に入れた制度設計が必要である。制度設計の全体像は **図46** を参照されたい。

図46 高度プロフェッショナル制度の設計の流れ

❶ 現状の勤務態様の確認

〔労働時間制度・役職・賃金制度〕
・裁量労働制による「みなし労働時間」
・管理監督者扱いによる時間外・休日規制の適用除外
・フレックスタイム制
・定額残業制の適用対象者

❷ 高度プロフェッショナル制度の検討

①労使委員会の設置
　・労使委員会の要件を確認
②労使委員会で決議
　・決議要件や決議事項を確認
③決議を労働基準監督署長に届け出
④対象労働者の書面同意
⑤対象労働者を対象業務に就かせる
⑥健康・福祉確保措置、定期報告
（厚生労働省「高度プロフェッショナル制度について」参照）

❸ シミュレーション

現状（❶）からの移行の方法・時期も検討

▶賃金制度・役職制度との関連性
▶健康・福祉確保措置の実施方法
▶同意撤回があった場合の取り扱い

❹ 制度実施

▶決議の有効期間や報告義務に注意
▶規定・運用の見直し

休日・休暇、休業・休職 第5章

　同じ休みでも、休日・休暇、休業・休職では検討事項が異なる。

　休日であれば、労働日や月間の所定労働時間・残業代計算に関わる。休暇は「賃金」と関わり、病気休暇は私傷病休職とセットで検討する必要がある。休職は、その後の退職や解雇を視野に入れる必要がある。育児・介護休業では法が禁止する「不利益取り扱い」に注意する必要がある。会社が休業を指示した場合は休業手当や賃金の取り扱いが重要になる。

Q41 休日の設定やシフト勤務の注意点は？

法定休日と所定休日の区別が、①労働基準法の休日付与義務、②割増賃金の計算、③時間外労働の上限規制等で必須。シフト勤務の場合は事前（予定）と事後（実績）のデータ保管が必要

労働基準法35条は、週1日の休日を原則とし、例外として4週4日（変形休日制）による休日付与を定めている。

休日では、就業規則等で規定された所定休日と労働基準法上の付与義務がある法定休日の区別が必要である（　図47　参照）。法定休日と所定休日は所定労働時間や割増賃金の計算方法にも影響する。

シフト勤務の場合、勤務日（実際の労働日）だけが記録され、休日、休暇や欠勤の区別が不明確になっていることがある。シフト勤務では、事前のシフト（予定）と実際の勤務（結果）の双方を　図48　を参考に作成する。勤務予定のデータに実際の勤務を上書き保存していく方法は、予定データが消えてしまうため不適である。

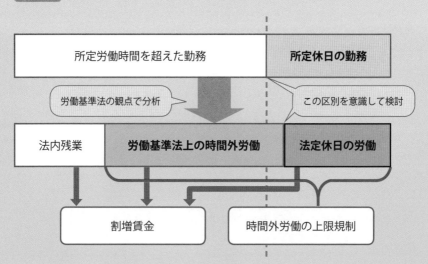

図47　法定休日と所定休日の区別とその影響

図48 シフト勤務の管理の手順

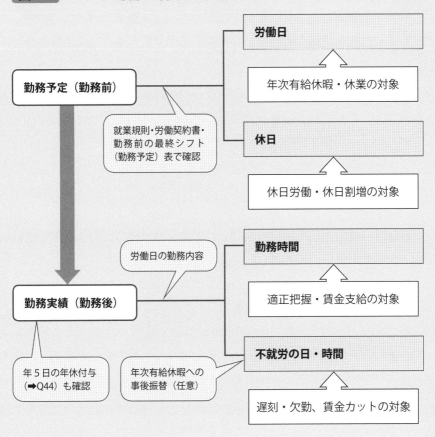

 休日・休暇を検討する場合のポイント

法定休日と所定休日、振替休日と代休の検討では、休日と休暇の区別が重要となるので、就業規則等の規定で事前に確認しておく。

休日数は、月間の所定労働時間や割増賃金の計算に影響する。

また、①振替休日、②代休、③シフト変更、④休暇取得、⑤欠勤と年次有給休暇への事後振替では、議論が混乱しないように概念を整理した上で検討する。

Q42 休日の変更（振替休日・代休）時の注意点は？

振替休日と代休は事前と事後の違いを意識する。振替休日でも、時間外労働の割増賃金が発生する場合に注意。代休は計画的な付与（消化）が必要

　振替休日（休日の振替）は、あらかじめ休日と定められた日を労働日に変更し、その代わりに他の労働日を休日とすることをいう。要件としては、以下の事項がある。

①就業規則等による休日振替に関する規定を設けていること
②休日労働前に、振替日を特定して休日振替措置を講じること
③４週４日の休日が確保されていること

　代休は、休日労働を行わせた後に、当該休日労働の代わりとしてその後の特定の労働日の労働義務を免除する制度である。

　振替休日は「休日労働前」の措置なので、時間的前後関係を明確化するために書面等で書面発行日や振替日を明記しておく。

　振替休日と代休は事前と事後の違いがポイントであり、割増賃金の計算も異なる。振替休日は、あらかじめ定められた休日を他の労働日に振り替えるので、振替前の休日に勤務しても通常の勤務と同じであり、休日労働の割増賃金は発生しない。もっとも、振替勤務によって当該週の実労働時間が週の法定労働時間を超える場合は、時間外労働に対する割増賃金の支払いが必要になる。他方、代休は休日労働が事後的に否定されるものではなく、代休を与えても休日割増分の支払いは必要である。また、事後に代休付与をしないと割増分以外の通常の賃金（1.0部分）が未払いになるので、計画的に付与（消化）する必要がある。

　一般的な手順や割増賃金の計算方法は、 図49 と 図50 で確認する。振替休日・代休の手続きや割増賃金の計算方法が就業規則等で規定されていることがあり、該当規定の確認も忘れずに行う必要がある。

図49　振替休日・代休の考え方

 休日労働
①法定休日か？
②所定休日か？
※割増率や時間外労働との関係を確認
※1週間の起算点を確認（就業規則等の規定がなければ、日曜から土曜の暦週〔昭63.1.1 基発1・婦発1〕）

 振替休日による対応は可能か？
①就業規則等の根拠規定
②事前の振替措置
③4週4日の休日確保

 振替休日による処理
時間外労働部分の処理方法を確認
①法定労働時間の超過部分
②所定労働時間の超過部分

 代休による処理
①割増分の算定・支払い
②代休による精算
③代休付与・付与できなかった分の精算方法

図50　割増賃金の計算（休日割増1.35／時間外割増1.25の場合）

振替休日➡休日を労働日に事前変更

振替後の勤務は通常の労働日としての勤務

同一賃金支払期間内に休日を振替付与すれば休日は確保されるため、通常の賃金部分（1.0）は精算不要

振替後の勤務で週40時間超となった場合には、時間外割増分（0.25）を支給

代休➡休日労働後の措置

休日勤務に変わりはなく、休日労働分の賃金支払い（1.35）が必要

代休付与によって、通常の賃金部分（1.0）（＝休日割増以外）は精算

①休日割増分（0.35）を支給
②代休付与がなければ、通常の賃金部分（1.0）も支給

Q43 年次有給休暇の付与で注意すべき点は？

労働基準法と就業規則の規定の相違を意識する。企業独自の制度（半日年休・時効消滅分の積立制度等）も確認が必要

年次有給休暇（以下、年休）の発生要件や付与日数は、労働基準法が規定しており、8割出勤や継続勤務の要件も通達等で説明されている。もっとも、就業規則や労働契約書にある社内制度・規定の確認も重要である。年休の起算日や付与日の設定方法、半日年休のように企業独自の制度もあるからである。年休制度の全体像は 図51 で確認する。

年休は労働日に取得するもので、休日や休業と指定されている日には年休取得はできない。時給制でシフト日によって勤務時間が異なる場合、年休取得日によって賃金額が異なる点に注意を要する。

年休の管理では、①取得手続き、②取得日の記録、③取得日の賃金、④取得による不利益取り扱い、⑤時季変更や⑥計画年休、⑦年5日の時季指定（→Q44）が重要である。⑤では、労働者の請求時季に年休を与えると事業の正常な運営が妨げられる場合に、取得時季を変更する権利（時季変更権）が規定されている（労働基準法39条5項）。もっとも、裁判所は時季変更権を行使できるケースを限定している点に注意を要する。

当該年度内に発生した年休を取得できなかった場合、翌年までは年休の繰り越しが可能である（同法115条）。もっとも、企業によっては積立年休制度等により、時効で消滅した部分を、特定の目的（例：病気等）で休暇として取得することを認めている場合がある（労務行政研究所による調査では、導入率は全産業平均で44.1％）。

年休取得を理由とした不利益取り扱いは禁止されており（同法附則136条）、賞与や皆勤手当の出勤率算定で年休取得日を欠勤扱いとすることが裁判で問題となることがある。欠勤日を年休に振替処理する年休の事後振替を認めるか否かは企業の任意であるが、就業規則等で制度化されている場合には、当該制度の枠内で対応することになる。

図 5 1　年休の全体像

❶ 年休の発生

❶「継続勤務」か？

　　➡ 有期契約労働者・定年後再雇用者・正社員登用者

❷ パートタイム労働者の比例付与

❷ 年休対象日・取得方法

❸ 半日年休・時間単位年休

❹ 計画年休

❺ 休業中の年休取得

　※年 5 日の時季指定はQ44参照

❸❹は就業規則や
労使協定を確認
❺はQ45参照

❸ 取得時季の変更

❻ 時季変更権の行使の可否

　　➡ 退職者で時季変更不可の場合、買い上げを検討

❼ 年休の利用目的・態様の考慮

❹ 年休の消滅・繰り越し・年休中の賃金

❽ 年休の事後振替・繰り越し

❾ 年休中の賃金

　　➡ 勤務時間がシフト日ごとに異なる場合に注意

❿ 取得した年休日の記録

　　➡ 時季指定義務の日数（5日）から控除（➡Q44）

Q44　年5日の年休付与・時季指定義務の注意点は？

法規制の内容自体は通達等で確認できる。運用面では、年休の付与・消化を計画的に実施する職場の仕組みづくりが重要

　労働基準法では、年休の付与日から1年以内に5日の時季を指定して年休取得をさせる必要があり（同法39条7項）、対象労働者、時季指定の方法、年休管理簿の作成等の確認が必要になる 図52 。

　時季指定が必要な5日から控除することができる日は、①労働者自身が請求・取得した年休日数、②計画年休（年休の計画的付与制度）で与えた日数である。

■**年休の計画的付与制度**（労働基準法39条6項）
年休取得日を計画的に定めて付与する制度であり、一斉付与方式、交替制付与方式および個人別付与方式があるが、導入には就業規則の規定と労使協定の締結が必要である。

　時季指定の対象者は、基準日に付与される年休日数が10日以上の労働者であり、この10日は労働基準法39条で付与される法定の年休日数であって、前年度繰り越し分は含まない。半日単位年休を取得した場合は0.5日として控除するが、時間単位年休は控除できない。

　時季指定は基準日から1年以内に行い、期首ではなく、期間途中に行う方法でも可能である。時季指定を行う場合、労働者の意見聴取を行い、聴取した意見を尊重するように努めることとされている（労働基準法施行規則24条の6）。年休付与を行った場合は、付与の時季、日数、基準日を労働者ごとに明記した管理簿の作成・保存が必要である（同施行規則24条の7）。

　年5日の時季指定義務は、時季指定しただけでなく、実際に基準日から1年以内に5日の付与をしなければ法違反になる（労働基準法120条の罰則あり）。

図52 年休付与・時季指定（年5日）の対応手順（イメージ）

❶指定義務がある労働者の確認

❷現状確認
・指定期限（1年の終期）や確認のタイミング
・計画年休、過去の年休消化状況
・指定方法（管理者・指定者）
・書類の準備状況（希望聴取表、指定通知、年休管理簿）

❸労働者の消化日数・計画的付与日数を確認　　❹取得時季の希望聴取

❺労働者の希望を踏まえて時季指定　　❻年次有給休暇管理簿に記載・保存

■年次有給休暇管理簿（例）

年次有給休暇取得日数	基準日	2019/4/01 ← 基準日			
	取得日数	11日 ← 日数			
	年次有給休暇を取得した日付	4/4（木）	5/7（火）	6/3（月）	7/1（月）
		8/1（木）	8/13（火）	8/14（水）	8/15（木）
		8/16（金）	8/19（月）	9/2（月）	

時季（年次有給休暇を取得した日付）

資料出所：厚生労働省「年次有給休暇取得促進特設サイト」

年休指定を巡る検討資料

年休指定において、基準日の前倒し付与や付与期間の重複があった場合のほか、指定日の事後変更等の細かな部分の取り扱いについては、厚生労働省のWEBサイトに掲載されているリーフレット（年5日の年次有給休暇の確実な取得 わかりやすい解説）や通達、Q＆A（「改正労働基準法に関するQ＆A」平成31年4月厚生労働省労働基準局）を参照する。

Q45 企業側から休業を命じる場合の注意点は？

労働基準法26条以外にも、①就業規則等の規定、②休業手当と賃金（全額）との差額、③年休との関係などを確認する必要がある。実施時には同意書を締結するのが無難

　企業側から休業を命じる場合は労働基準法26条の休業手当（平均賃金の6割以上）の議論に集中しがちである。ただ、就業規則等に規定されている休業手当の支給事由や金額が労働基準法の規定とは異なるケースもあり、社内規定の確認が必須である　**図53**　。また、休業対象者からさまざまな質問が想定されるので、回答・対応の準備も必要になる。

　休業中に「休業手当」の支給が必要となるのは、労働基準法26条の使用者の責に帰すべき事由がある場合で、①使用者の故意、過失または信義則上これと同視すべきものよりも広く、不可抗力によるものは含まれない（厚生労働省労働基準局編『平成22年版 労働基準法・上』労働法コンメンタール③［労務行政］367ページ）、②法令を遵守することによって生ずる休業は、事業内設備の欠陥による休業というよりはむしろ事業外部の不可避的な事由により生じたものであるから、使用者の責に帰すべきものではない（同書370ページ）と解されている。具体例については、判例・裁判例を参照する（ノース・ウエスト航空事件　最高裁二小　昭62.7.17判決、いすゞ事件　東京高裁　平27.3.26判決等）。

　休業指示後の年休申請・取得はできない（企業が任意に振り替えることは可能）が、休業指示前に年休日が指定されると、休業よりも年休が優先される（年休分の賃金支払いが必要）ので、休業指示と年休申請の前後関係の確認が重要になる。休業を命じる対象労働者の範囲や、育児・介護休業期間や休職期間との整合性も整理する。有期契約労働者では、期間満了時・契約更新時の取り扱いも検討しておく。

　休業実施時には、対象労働者から個別同意書を取得しておいたほうが、事後のトラブル防止になる。

図53 企業側から休業を命じる場合の検討手順

① **休業に関する就業規則等の規定を確認**

①年休との先後関係を確認
②他の休業・休職との関係整理
③過去の休業の取り扱いの確認

② **対象労働者の範囲を確認**

①パートタイマー、有期契約労働者、定年後再雇用者も含めて検討
②派遣労働者の場合は派遣契約を確認した上で派遣会社（派遣元）と協議

③ **対象期間・金額の算定**

①休業期間の設定
　➡延長・短縮の可能性
②平均賃金の算定
③賃金全額（平均賃金60%との差額）を求められた場合の対応

配布資料・想定問答集の準備

④ **説明会・個別面談の実施**

・休業の取り扱い内容を明示
・できるだけ同意書を取得

⑤ **休業の実施**

Q46 育児・介護休業の申請があった場合の注意点は？

休業申請が認められるかは、法令と就業規則や別規則（育児・介護休業規程）の双方で確認する。法が禁止する「不利益取り扱い」にも注意する

産前産後休業、育児・介護休業等が申請された場合、法律と社内規則の双方の確認が必要である。社内規則が法改正に対応していない場合や、社内規則で法律を上回る制度が設けられている場合があるためである。

年休や各種休暇、休職、休業中の給与・社会保険の取り扱いも併せて確認する。手順は 図54 を参照されたい。

近時、注意を要するのは不利益取り扱いの禁止である。最高裁判決（広島中央保健生活協同組合［A病院］事件　最高裁一小　平26.10.23判決）を受け、男女雇用機会均等法や育児・介護休業法の行政通達（平27.1.23　雇児発0123第1）では、妊娠・出産・育児休業等を契機とする不利益取り扱いの判断枠組みを示した。例外には以下の二つがある。

【例外❶】　業務上の必要性から不利益取り扱いをせざるを得ず、業務上の必要性が当該不利益により受ける影響の内容や程度を上回る特段の事情が存在するとき

【例外❷】　労働者が不利益取り扱いに同意している場合で、有利な影響が不利な影響の内容や程度を上回り、事業主からの適切な説明がなされる等、一般的な労働者なら同意するような合理的な理由が客観的に存在するとき

考え方は 図55 を参照し、詳細は厚生労働省の通達や「妊娠・出産・育児休業等を契機とする不利益取扱いに係るQ&A」等で確認する。

【例外❷】のケースとして、労働者側から軽減業務の希望があり、労使合意の上で業務軽減分の賃金減額を行うことがある。ただ、同意の有効性や不利益取り扱いの該当性が後から問題となることを防止するため、企業側で説明した制度内容、労働者側からの申し出内容、措置内容に労働者本人が同意したことを文書で記録に残しておく。

図54 育児・介護休業の検討手順

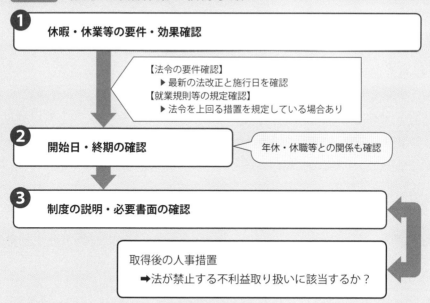

図55 不利益取り扱いの判断方法

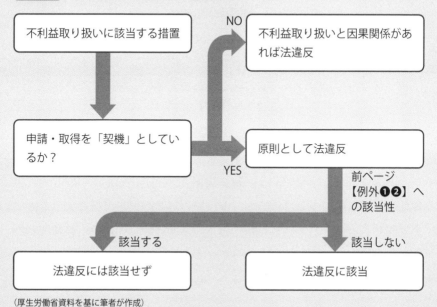

（厚生労働省資料を基に筆者が作成）

Q47 　休職制度の設計・運用で注意すべき点は？

制度の設置や制度内容、就業規則でどこまで定めるかは企業の任意である。近時はメンタルヘルス不調・私傷病休職を巡る紛争を想定する必要がある

　労働基準法は、休職について直接の規定は設けていないが、採用時の明示事項には休職に関する事項（同法15条、同法施行規則５条１項11号）が挙げられている。休職が制度化されていれば事業場の労働者のすべてに適用される定め（同法89条10号）として就業規則で定める必要があり、正社員の就業規則には休職制度が規定されていることが多い。具体的には、①休職の対象者、②休職の種類・事由、③休職期間、④休職中の労働条件、⑤復職時の取り扱い、⑥復職しないまま休職期間満了となったときの取り扱い等が規定されている。

　休職期間満了までに復職できない場合は退職または解雇となるが、解雇予告等の手続きを経ない退職として設計することが多い。休職期間中の賃金支給や賞与・退職金の算定の際に休職期間を通算するか等も明確化しておく。これら手順は、　**図56**　を参照されたい。

　休職にはさまざまな種類があるが、勤務できない者に対する解雇猶予措置としての側面がある。もっとも、どの程度まで規定するかは企業の任意であり、犯罪を行った場合の迅速な解雇等の支障になるため起訴休職は設けず、捜査・公判の様子を待ちたい場合には、個別に会社都合休職で対応しているケースも多い。

　休職で最も問題となるのは、メンタルヘルス不調で私傷病休職となった者の復職の可否判断である。就業規則では、①休職期間中のリハビリ勤務・試し勤務による評価方法、②復職の可否の判断材料となる医師の意見診断書の提出方法、③復職の可否の判断が難しい場合の休職期間の延長、を規定することになる。もっとも、実際の運用場面でのトラブルも多いのでQ48で詳しく説明する。

図56 休職に関する検討手順

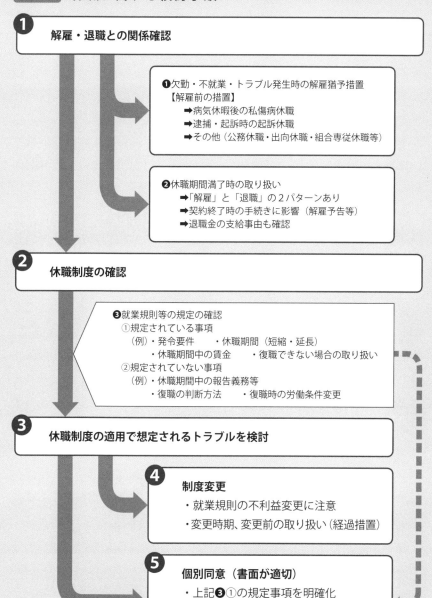

❶ 解雇・退職との関係確認

❶欠勤・不就業・トラブル発生時の解雇猶予措置
【解雇前の措置】
➡病気休暇後の私傷病休職
➡逮捕・起訴時の起訴休職
➡その他（公務休職・出向休職・組合専従休職等）

❷休職期間満了時の取り扱い
➡「解雇」と「退職」の２パターンあり
➡契約終了時の手続きに影響（解雇予告等）
➡退職金の支給事由も確認

❷ 休職制度の確認

❸就業規則等の規定の確認
①規定されている事項
（例）・発令要件　　・休職期間（短縮・延長）
　　　・休職期間中の賃金　・復職できない場合の取り扱い
②規定されていない事項
（例）・休職期間中の報告義務等
　　　・復職の判断方法　　・復職時の労働条件変更

❸ 休職制度の適用で想定されるトラブルを検討

❹ 制度変更
・就業規則の不利益変更に注意
・変更時期、変更前の取り扱い（経過措置）

❺ 個別同意（書面が適切）
・上記❸①の規定事項を明確化
・上記❸②について内容を説明して同意
取得

メンタルヘルス不調を巡るトラブルの注意点は？

メンタルヘルス不調を巡るトラブルは多岐にわたる。早期に全体像を把握し、トラブル前に説明と合意を行うことが重要

　メンタルヘルス不調を巡るトラブルでは、　図57　のように全体像をイメージすることが重要である。以下、ポイントを説明する。

　本人の病状や回復状況は企業側で判断が難しく、医師の診断書に基づいた対応が重要になる。近時は主治医と産業医（会社指定医）の見解が対立するケースも増えている点に注意する。

　休職命令によって賃金不支給等の不利益がある場合、休職命令の有効性が問題となる。また、復職の可否を巡る裁判で、裁判所が、休職前と同じ業務でなくても、他に担当可能な業務があれば当該業務で復職させるべきとの判断をすることもある。

　復職時に担当業務が変更となる場合、賃金も新たな業務に見合った金額となることを就業規則で規定し、文書で合意しておくのが適切である。復職の可否判断のためのリハビリ勤務に備えて就業規則に規定を設けたり、別規則を作成することもあるが、トラブル防止のためには、リハビリ勤務時の業務内容や復職可否の判断方法等について書面で同意を得ておくことが重要である。

　復職後の再発・増悪によって欠勤・休職が繰り返されることがあるため、①復職の際に会社指定医の診断書の提出を求める規定や、②復職後の早期欠勤を休職期間に通算する規定、③同一・類似の傷病による休職の回数制限規定を設ける（規定変更する）ことがある。

　メンタルヘルス不調者に問題行動があった場合、解雇や懲戒処分の前に専門医の受診や治療、休職の勧奨も検討する。私傷病休職者から長時間労働やハラスメントを理由に労災申請がなされた場合は、その後の法的紛争に発展する可能性が高いので、早期に専門家に相談すべきである。

図57 メンタルヘルス不調を巡る全体像

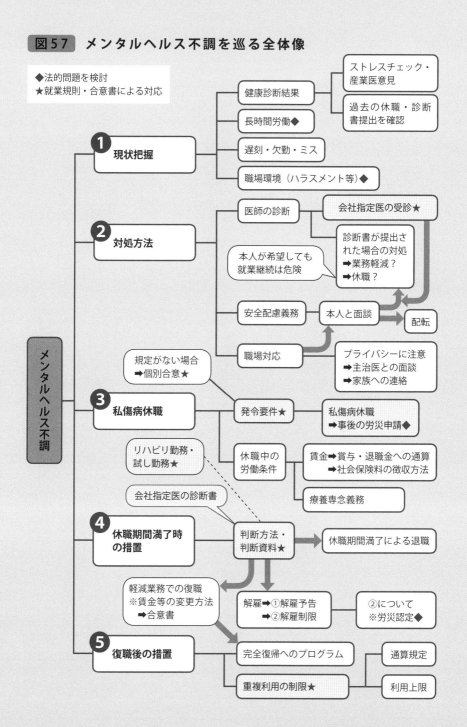

◆法的問題を検討
★就業規則・合意書による対応

メンタルヘルス不調

❶ 現状把握
- 健康診断結果
  - ストレスチェック・産業医意見
  - 過去の休職・診断書提出を確認
- 長時間労働◆
- 遅刻・欠勤・ミス
- 職場環境（ハラスメント等）◆

❷ 対処方法
- 医師の診断
  - 会社指定医の受診★
  - 診断書が提出された場合の対処
    ➡業務軽減？
    ➡休職？
- 本人が希望しても就業継続は危険
- 安全配慮義務 ── 本人と面談
- 職場対応
  - プライバシーに注意
    ➡主治医との面談
    ➡家族への連絡
- 配転

❸ 私傷病休職
- 規定がない場合
  ➡個別合意★
- 発令要件★
  - 私傷病休職
    ➡事後の労災申請◆
- リハビリ勤務・試し勤務★
- 休職中の労働条件
  - 賃金➡賞与・退職金への通算
    ➡社会保険料の徴収方法
  - 療養専念義務

❹ 休職期間満了時の措置
- 会社指定医の診断書
- 判断方法・判断資料★
  - 休職期間満了による退職
- 軽減業務での復職
  ※賃金等の変更方法
  ➡合意書
- 解雇➡①解雇予告
  ➡②解雇制限
  - ②について
    ※労災認定◆

❺ 復職後の措置
- 完全復帰へのプログラム
  - 通算規定
- 重複利用の制限★
  - 利用上限

賃金 第6章
（賞与・退職金・割増賃金を含む）

　賃金は算定方法や支給方法が独立して問題となることもあるが、労働時間と関連する割増賃金、制度変更と関連する就業規則の不利益変更など、他の制度との関連で問題となることが多い。

　固定残業代は、固定分の金額が大きいほど紛争リスクが大きくなる。賃金の消滅時効期間が延長されたことにより、長時間労働の実態がある企業では割増賃金の対応が急務となっている。裁判では、利息や付加金の知識も必須となる。

Q49 賃金に関する規制で注意すべき点は？

労働基準法24条の規制があり、賃金から控除・減額を行う場合に特に注意する。賃金設計は企業に裁量があるが、近時は、同一労働同一賃金の規制に注意が必要

労働基準法は、賃金の支払い確保のための規制として、①通貨払い、②直接払い、③全額払い、④毎月払い、⑤一定期日払い、を規定している（同法24条）。同法25条の非常時払い、同法26条の休業手当（➡Q45）もある。また、最低賃金法では賃金の最低基準が規定されている（労働基準法28条）。賃金に関する規制のポイントは 図58 で整理した。

①の例外として、現在、デジタルマネーによる賃金支払い解禁に向けた検討が進められている。労働者に支払う賃金から控除・相殺を行うことは③の全額払いとの関係で問題となり、賃金債権の放棄や合意相殺の有効性の場面で争われることがある。最高裁は、賃金債権の放棄を有効とする場合を、当該放棄の意思表示が自由な意思に基づくものであると認めるに足る合理的な理由が客観的に存在する場合に限定している（シンガー・ソーイング・メシーン事件　最高裁二小　昭48.1.19判決）。賃金債権との相殺に同意している場合（合意相殺）についても、労働者の相殺への同意が自由意思に基づくと認めるに足りる合理的な理由が客観的に存在することが必要とされている（日新製鋼事件　最高裁二小　平2.11.26判決）。

基本給には職務給、職能給、年齢給等があり、手当にもさまざまな種類があるが、どのような賃金設計をするかは企業側に大きな裁量がある。ただ、パート・有期法では、正社員との均衡待遇・均等待遇（いわゆる同一労働同一賃金）の規制があり、派遣労働者の賃金等の待遇は派遣先均等・均衡方式と労使協定方式の選択制となっている点に注意する（➡第9章）。

請負給は、残業時間の割増賃金が抑えられることから運送業等で歩合給として導入されることがある（➡Q55）。

図58 賃金に関する規制のポイント

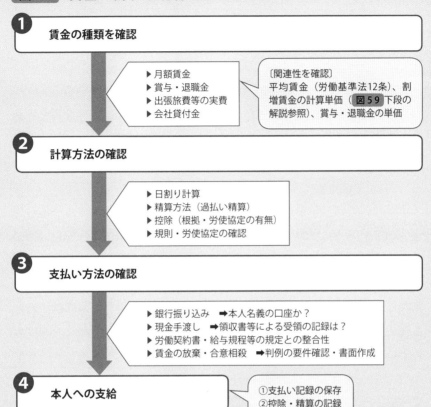

❶ 賃金の種類を確認

▶ 月額賃金
▶ 賞与・退職金
▶ 出張旅費等の実費
▶ 会社貸付金

〔関連性を確認〕
平均賃金（労働基準法12条）、割増賃金の計算単価（**図59**下段の解説参照）、賞与・退職金の単価

❷ 計算方法の確認

▶ 日割り計算
▶ 精算方法（過払い精算）
▶ 控除（根拠・労使協定の有無）
▶ 規則・労使協定の確認

❸ 支払い方法の確認

▶ 銀行振り込み ➡本人名義の口座か？
▶ 現金手渡し ➡領収書等による受領の記録は？
▶ 労働契約書・給与規程等の規定との整合性
▶ 賃金の放棄・合意相殺 ➡判例の要件確認・書面作成

❹ 本人への支給

①支払い記録の保存
②控除・精算の記録

研修・留学費用等の返還請求

労働基準法16条は労働契約の不履行について違約金や損害賠償額を予定することを禁止している。同条に関連して問題となった裁判例としては、①研修・留学費用や②労働契約締結時に支給された一時金（サイニングボーナス）について、所定期間内に退職した場合の返還請求の事案がある（①は野村證券事件　東京地裁　平14.4.16判決、②は日本ポラロイド事件　東京地裁　平15.3.31判決）。

Q50 賃金・手当の種類や賃金制度で注意すべき点は？

賃金制度の設計は企業の規模や人員構成等によってさまざまであり、客観的な正解はない。ただ、昇給の理由・役職との関連性は重要

　賃金・手当の設計では、賞与や退職金への影響、基準内賃金か否か（割増賃金の基礎単価から除外できるか否か）等、相互の関連性が重要である。賃金の締切日・支給日、日割り計算等の端数処理、手当の性格・支給要件等も整理する。賃金・手当は、役職等の人事制度とも密接に関連しており、**図59** を参考に全体像の把握が必要である。

　正社員の賃金（基本給）で多く採用される職能資格制度は、一定の想定・前提がある。具体的には、①勤続によって得た職務遂行能力は他業務でも流用でき、②ランク付けされた職務遂行能力の対価として基本給を位置づけるので、勤続年数による昇給が可能となり、③職務変更・異動時にも基本給の変更は不要であり、④いったん獲得した職務遂行能力は喪失しないので降格は例外的なケース——というものである。高度成長期には有効に機能したが、バブル崩壊後の業績低迷や技術革新で高度の専門性・即戦力が要求されるようになると昇格昇給の年功的運用によって上昇する人件費に企業が耐えられなくなった。そこで成果主義が流行するようになり、年功的賃金から成果主義への移行を巡る裁判もある（ノイズ研究所事件　東京高裁　平18.6.22判決）。もっとも、成果評価の前提となる職務限定や賃金制度のベースが不十分であったことから、単なる賃下げ名目で利用されたとの批判もある。

　近時はジョブ型雇用が話題であるが、純粋な職務限定での雇用・賃金制度というより、①職務を一定範囲で限定して雇用する、②基本給は複数のルートを設け、定昇や年功的運用は行わないという限定的意味で用いられていることが多い。職務の限定（裏返しとしての配転）は賃金制度の問題にとどまらず、人事制度全体に関わるので、腰を据えた検討が必要である。

図59　賃金・手当の検討手順

❶　就業規則や給与規程の内容確認

▶ 支給対象者
▶ 趣旨・性格（賞与や割増賃金の計算単価〔下段の解説参照〕）
▶ 支給要件
▶ 金額・増減の事由・条件

❷　人事制度との関連性

〔役職（役職定年）制度〕
〔賃金、資格、昇給制度〕
〔管理監督者の範囲〕
〔職種・担当職務・役職〕
〔勤務シフト・勤務地〕

❸　支給事由の確認

❹　支給

▶ 申請・届け出等の要否
▶ 支給時期・対象期間の整合性
▶ 併給調整（範囲・根拠規定）

❺　金額変更・不支給

▶ 事由・届け出義務を規定
▶ 休暇・休業中の取り扱い
▶ 対象時期・日割り計算

- **割増賃金の算定基礎となる賃金**：通常の労働時間または労働日の賃金
- **除外賃金**（労働基準法37条5項、同法施行規則21条）：①家族手当、②通勤手当、③別居手当、④子女教育手当、⑤住宅手当、⑥臨時に支払われた賃金、⑦1カ月を超える期間ごとに支払われる賃金

Q51 賞与の制度設計・運用で注意すべき点は？

賞与の趣旨、支給要件、算定方法等を給与規程等で確認する。
賞与のマイナス評価が法の禁止する「不利益取り扱い」に該当
しないかにも注意する

　賞与は、月例賃金とは別に支給される一時金であり、対象期間中の労務の対価の後払い、功労報償、生活補償、労働者の意欲向上などさまざまな趣旨を含み得るものであり、賞与をいかなる趣旨で支給するかは企業の経営および人事施策上の裁量判断による。賃金制度で賞与を設けることは法律上の義務ではないが、就業規則や賃金規程等で制度化した場合は、規則に則った支給・運用が必要になるので、賞与の支給対象者や支給要件、計算方法は規定で明確化しておく。

　賞与を巡るトラブルとしては、①支給対象者の範囲、②支給日在籍要件、③支給時期・方法、④支給額を決定するに当たっての人事評価（査定）の正当性、⑤査定期間中における休暇・休業の取得と法が禁止する不利益取り扱いの禁止、などがあり、全体像は **図60** を参照されたい。

　①では、正社員だけに賞与を支給する理由を整理しておく（➡Q83）。

　②では、判例（ニプロ医工事件　最高裁三小　昭60.3.12判決）は、支給日在籍要件自体は有効としているが、労使交渉の遅延で賞与支給が遅れた場合は支給日在籍要件を適用せず、支給予定日に在籍していた者に賞与支給を認めている。③は給与規程等で明記されていない場合に問題となる。

　④の人事評価・査定では、評価内容と他の人事措置との関連性を意識する。解雇や懲戒処分の理由として勤怠不良を挙げる場合、賞与査定の内容との整合性が問題とされることがあるためである。

　⑤では、賞与の算出において労働法上の権利行使を抑制するような査定・取り扱いが無効となるリスクがある。

図60 賞与の全体像

❶ 就業規則や給与規程の内容確認

- ▶ 趣旨・性格
- ▶ 支給要件
- ▶ 金額の設定方法（基準月数・計算方法〔下段の解説参照〕）
- ▶ 支給日・算定期間
- ▶ 非正規社員（パート・有期・定年後再雇用）の取り扱い

❷ 支給対象期間における勤務状況

〔査定項目・査定内容〕
〔対象期間中の賃金・役職の変更〕
〔日割り計算〕

❸ 支給金額・支給時期の確定

〔労働組合との交渉〕
➡ 支給時期
➡ 非組合員・別組合への支給

❹ 支給

- ▶ 支給日在籍要件、不支給・減額事由の確認
- ▶ 査定のフィードバック

年俸制における賞与と割増賃金の関係

割増賃金の算定基礎にならない賃金（除外賃金）として認められる「賞与」について、通達（昭22.9.13　発基17）は「定期又は臨時に、原則として労働者の勤務成績に応じて支給されるものであって、その支給額が予め確定されていないもの」としている。そのため、年俸制で各月の支払い分と賞与部分の合計金額を年俸額として確定的に定めている場合は、賞与部分は除外賃金にはならない（平12.3.8　基収78）。

Q52 退職金の制度設計・運用で注意すべき点は？

退職事由ごとの支給率の違い、懲戒処分に伴う不支給・減額の
根拠規定に注意する。割増退職金では適用範囲を明確化する

　退職金には、賃金の後払いや功労報償などさまざまな趣旨・要素があ
り、原資の拠出・積み立て方法もさまざまである。支給形態も、一時金
形式もあれば年金形式もあり、退職金制度によっては事業主以外から支
給されるケースもある。退職金の算定方法も、勤続年数以外に退職理由
（定年退職、自己都合退職等）や希望退職募集時の割増退職金、懲戒解
雇・諭旨解雇における不支給・減額もあり、全体像は　図61　で確認す
る。

　退職金を巡るトラブルでは、①退職金制度の不利益変更、②不支給・
減額規定の適用が多い。①は、就業規則の不利益変更の問題がある
（➡Q5〜7）。②は、退職金規程等で不支給・減額の規定がある場合でも、
裁判では具体的な適用・運用の妥当性が争われることがある。

　退職金規程では、懲戒解雇等による退職金の不支給・減額事由を明記
しておく必要があるが、裁判所は在職中の勤続の功を抹消または減殺す
るほどの著しい背信行為が存するかという観点から限定解釈しており、
個別事案では不支給・減額が認められないリスクがある。そのため、懲
戒解雇や諭旨解雇でも退職金を一部支給することがある。離職を優先さ
せる場合は、普通解雇として退職金を支給するケースもある。

　退職金の放棄や合意相殺については、後から労働者（退職者）との間
で紛争にならないように最高裁の判断枠組みを確認しておく（➡Q49）。

　死亡退職金では、退職金の受給権者の範囲・順位が問題となる（次ペー
ジ下段の解説参照）。希望退職募集や早期退職優遇制度で割増退職金の
制度を設けることがある。この場合は、支給対象者や対象外となる場合
を明確化しておく（➡Q30）。

図61　退職金の全体像

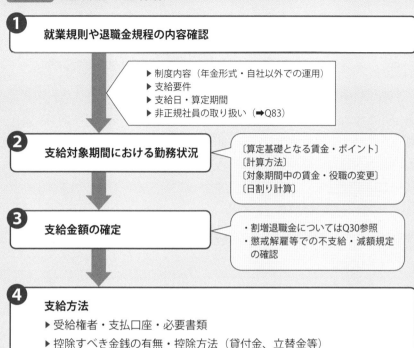

❶ 就業規則や退職金規程の内容確認

- ▶ 制度内容（年金形式・自社以外での運用）
- ▶ 支給要件
- ▶ 支給日・算定期間
- ▶ 非正規社員の取り扱い（➡Q83）

❷ 支給対象期間における勤務状況

〔算定基礎となる賃金・ポイント〕
〔計算方法〕
〔対象期間中の賃金・役職の変更〕
〔日割り計算〕

❸ 支給金額の確定

- ・割増退職金についてはQ30参照
- ・懲戒解雇等での不支給・減額規定
の確認

❹ 支給方法

- ▶ 受給権者・支払口座・必要書類
- ▶ 控除すべき金銭の有無・控除方法（貸付金、立替金等）
- ▶ 放棄・合意相殺（➡Q49）

死亡退職金の受給権者

死亡退職金の場合は、受給権者が問題となることがある。退職金規程に規定があればそれに従うが（日本貿易振興会事件　最高裁一小　昭55.11.27判決、昭25.7.7　基収1786）、それがない場合は民法が定める相続人に支払うことになる。もっとも、受給権者として規定された「配偶者」の解釈が問題となったり（最高裁一小　令3.2.25判決）、相続関係を巡る紛争に巻き込まれる可能性もあり、トラブルが想定される場合は、供託も視野に入れる。

Q53 未払い残業代問題への対応方法で注意すべき点は？

残業代を巡るトラブルの多くは「本人が申告した労働時間」と「実際の労働時間」との差によるもの。労働時間の把握方法や残業代の計算方法が分かっていないと議論がかみ合わない

　未払い残業代問題は 図62 のように、①残業時間の発生、②割増賃金の発生、③訴訟等の紛争と、段階を分けて検討する必要がある。サービス残業は、上司や所属長の責任問題に発展することもあり、現場からの自主的な報告は期待しにくい。サービス残業があったとして、企業側で把握していた労働時間を労働者側が否定してきた場合、現場における本人の実際の勤務状況やこれを裏づける各種記録を意識的に確認して、反論材料がないかを検討する必要がある。

　残業代のトラブルは、まずは、労働者本人や代理人（弁護士）から内容証明等で資料開示や請求等の通知書が届くのが通常である。企業側の有利・不利を問わずに情報収集を行い、未払い分が確認された場合は早期に支払いを行うことが多い。訴訟に発展した場合、利息や付加金で金額が大きくなるからである。訴訟係属中でも未払い分を支払って利息や付加金のリスクを軽減しておく方法もある（➡Q54）。

チェックポイント	検討事項
①法律上の割増賃金の計算方法と整合させたか？	□基準内賃金か否かは、強行法規で規定（労働基準法37条5項、同法施行規則21条） □振替休日と代休の区別　　□法定休日のカウント方法
②労働時間の記録に不自然な点はないか？	□賃金台帳やタイムカードの記載 □所属部署のスケジュール表（シフト表） □労働時間集計前の操作・調整の有無 □労働時間の集計記録（回数・頻度）
③判決時の認容額を計算したか？	□消滅時効（労働基準法115条） □利息（6％／退職後は原則14.6％。次ページ下段の条文参照） □付加金（同法114条）
④和解・交渉の方法を検討したか？	□交渉資料の作成と合意内容（支払名目）の案 □波及効果（他社員からの請求）
⑤判決前の支払い方法を検討したか？	□対象期間と充当金額の明示、税金等の計算 □支払先・方法

図62　未払い残業代問題への対策

残業時間の発生
❶発生原因
❷時間外労働の算定方法
❸労働時間の管理方法

┌ ❶の対応
│ ❶業務効率化・外注
│ ❷裁量労働制・変形労働時間制等
│ ❸残業の許可・申告制

時間外労働による割増賃金発生

割増賃金の発生
❹割増賃金の計算方法
❺割増賃金に充当される手当
❻未払い・不足額の確認

┌ ❷の対応
│ ❹割高な計算方法の変更
│ ❺割増賃金相当の賃金を明確化
│ ❻定期的な確認・精算

未払い残業代・利息の累積

❸
訴訟等の紛争
❼サービス残業・休憩時間否定
❽割増賃金への充当否定
❾支払い後の追加請求
❿利息・付加金

┌ ❸の対応
│ ❼労働時間の重層管理
│ ❽就業規則以外にも明示
│ 　（給与明細等）
│ ❾精算合意書の作成
│ ❿訴訟係属中での支払い

賃金の支払の確保等に関する法律
第6条　事業主は、その事業を退職した労働者に係る賃金（退職手当を除く。以下この条において同じ。）の全部又は一部をその退職の日（退職の日後に支払期日が到来する賃金にあつては、当該支払期日。以下この条において同じ。）までに支払わなかつた場合には、当該労働者に対し、当該退職の日の翌日からその支払をする日までの期間について、その日数に応じ、当該退職の日の経過後まだ支払われていない賃金の額に年14.6パーセントを超えない範囲内で政令で定める率を乗じて得た金額を遅延利息として支払わなければならない。
2　前項の規定は、賃金の支払の遅滞が天災地変その他のやむを得ない事由で厚生労働省令で定めるものによるものである場合には、その事由の存する期間について適用しない。

賃金の支払の確保等に関する法律施行規則
第6条　法第6条第2項の厚生労働省令で定める事由は、次に掲げるとおりとする。
　一～三　（略）
　四　支払が遅滞している賃金の全部又は一部の存否に係る事項に関し、合理的な理由により、裁判所又は労働委員会で争つていること。

Q54 利息・付加金・消滅時効の留意点は？

賃金の消滅時効および付加金の請求期間が延長されることで残業代を巡る紛争の増加が予想される。企業側からの資料提出や未払い分の支払方法にも注意が必要

　割増賃金請求の裁判では、利息や付加金、消滅時効の問題、労働時間管理や割増賃金制度（固定残業制度等）といった制度論（制度見直しを含む）、他の労働者への波及効果等も視野に入れ、　図63　のように全体像を把握した対応が必要である。

　労働基準法114条の付加金請求が認められれば、最大で未払金と同額の付加金の支払いが命じられる上、裁判が長引けば利息分も加算される。改正労働基準法により、2020年4月1日以降に支払われる賃金では、消滅時効および付加金の請求期間は当分の間は3年に延長（いずれは5年）されている点に注意する。また、①民法における消滅時効の更新事由や完成猶予事由（協議の合意等）がないこと、②時効援用の意思表示が相手方（労働者）に到達していることも確認する必要がある。

　労働審判では付加金の支払いは命じられないが、訴訟に移行した場合に備えて労働審判申し立て段階から付加金の請求が行われることがある。訴訟において、付加金支払いの命令を免れるための弁済を行う場合には、支払い時期と支払い方法に注意が必要である。最高裁（ホッタ清信堂薬局事件　最高裁一小　平26.3.6判決）は、事実審の口頭弁論終結時までに確定的な支払いを必要としており、仮払いをしつつ裁判で内容を争う方法では付加金の支払いを免れることはできない（東京高裁　平24.3.7判決）。利息では、賃金の支払の確保等に関する法律および同法施行規則の条文を確認する（　図62　下段参照）。

　割増賃金請求を意図的に困難にした場合、権利濫用を理由として消滅時効の援用を否定する裁判例もあることから、残業代請求や資料提出要求への対応は注意を要する。

図63　残業代請求を受けた場合の全体対応

❶　労働時間の実態把握

①請求時間の勤務実態はあるか？

②請求時間の裏づけ資料はあるか？

③過去の勤怠報告との相違の理由は？

資料の保存状況

①入退室記録

②パソコンの起動時間・
　メールの送受信記録

③勤怠資料の記録過程

❷　賃金規程・労働契約書の確認

①残業に関する支払い規定の確認

②残業代の金額算定

　➡定額分がある場合は不足額を算定

③請求者との確認行為

　▶賃金規程上の根拠

　▶労働契約書、給与明細

　▶残業時間（休日・深夜分含む）

割増率の確認

①振替休日・代休

②時間外労働60時間超

③請負給（歩合給）

算定基礎の確認

①基本給

②各種手当

　➡ 図59 下段の解説参照

❸　不足分の精算・支払い

①未払い分の支払い（利息・消滅時効等も確認）

②他の労働者への対応

③勤務体制の見直し・制度変更

労働時間制度の見直し	労働時間の適正把握	賃金制度の見直し
①変形労働時間制 ②裁量労働制 ③フレックスタイム制	①始業・終業時刻 ②休憩時間 ③上記①②の定期的 　な確認	①管理監督者の範囲を限定 ②割増賃金制度の見直し 　・請負給（歩合給） 　・固定残業制度（➡Q55）

割増賃金（固定残業制度）の変更時の留意点は？

大規模・固定的な制度化は将来の負担となるリスクあり。制度設計時から柔軟性・可変性を盛り込んでおく

就業規則等の定めにより残業代等の割増賃金を定額で支払う固定残業制度は、①就業規則や賃金規程等への規定といった制度設計面の問題と、②未払い分（不足分）の確認・支払いという運用面の問題がある。

かつては、賃金総額を変えずに、その一部を固定（定額）残業分として切り出す方法が残業代対策として宣伝されたことがあったが、超過分の支払いをしなかったり、前提となる労働時間の把握や残業時間の計算が不十分というケースもあった。また、長時間労働を想定した固定（定額）残業代を設定していたり、残業代部分を基本給から控除するようなケースもあった。残業代裁判で定額残業制度自体の有効性が争われるケースも少なくない（有効例として、日本ケミカル事件　最高裁一小　平30.7.19判決、否定例として国際自動車事件　最高裁一小　令2.3.30判決）。固定（定額）残業分が割増賃金の支払いとして認められないと、反射的に固定（定額）残業分が割増賃金の計算基礎となって未払い残業代が計算されるため高額になり、紛争リスクは固定（定額）分が高額・長時間相当であるほど高まることになる。在宅勤務や手待ち時間の短縮で残業時間を圧縮できる場合、固定（定額）分の見直しや変更の根拠規定をあらかじめ設けておき、部署や対象者ごとに定額分を徐々に減額していく方法もある。見直し手順例は　**図64**　を参照されたい。

長時間労働となることが多い運送業では、請負（歩合）給への制度変更も想定される（割増賃金の計算方法は次ページ下段の解説参照）。①顧客からの収入（運行収入）の金額設定、②上記①から控除する金額や歩合率の計算方法などをみて、請負（歩合）給の実態があるかがポイントになる。

図64　固定残業制度の見直し手順

 固定・定額払いの対象とする労働時間の確認
①時間外労働・休日労働　※所定労働時間・所定休日の確認
②深夜労働　※管理監督者でも発生

 現状の運用確認
残業時間の申告・把握
↓
残業時間の確認・検証
↓
固定・定額分の超過額確認
↓
超過額の追加支給

 変更点の検討
①業務内容・分量の変化
②在宅勤務等の勤務形態変更
③固定（定額）分の見直し・変更の根拠規定

 説明会・変更実施
①定額残業代の趣旨
②変更理由
③実施の範囲・時期

就業規則の不利益変更
❶経過措置
❷個別合意
契約更新時の条件変更

 請負（歩合）給の割増賃金計算

法定労働時間を超えて労働した場合の割増賃金の計算方法（労働基準法施行規則19条1項6号）は以下のとおり。

例：ある月の実績給（歩合給）の合計が190,000円であった労働者が、その月に法定時間外労働18時間を含めて190時間労働していた場合

歩合給19万円	支払うべき賃金 194,500円
割増賃金4,500円	

TOTAL190時間（法定内172時間＋時間外18時間）

法定内労働172時間　　　　　時間外18時間

190,000円÷190時間＝1,000円 … **基礎時給額（1時間当たりの賃金額）**
1,000円×0.25＝250円…………… **1時間当たりの割増賃金額**
250円×18時間＝4,500円 ……… **当月の割増賃金額**

資料出所：東京労働局「しっかりマスター労働基準法─割増賃金編─」

労働基準法27条により保障給の支払いが必要になる。また、最低賃金の計算も重要になる（厚生労働省のWEBサイトには、完全歩合給や固定給と歩合給の併給のケースで最低賃金額の計算について解説あり）。

【参考】労働時間の集計画面

企業で管理・保管する勤務記録では、記録時期や修正過程、実際の業務内容からみて、適正な始業・終業時刻と休憩時間の申告がなされているかを確認できる仕組みが重要になる。労働時間の集計時に、未申告の勤務時間や追加作業がなかったかを労働者自身に確認を求め、勤怠記録にある労働時間の正確性を意識的に確認・記録するシステムを導入しているケースもある。

以下はパソコンで申告している場合の画面操作例であり、その記録過程も含めてシステム内で保管しておくとよい。

画面1

上記内容で労働時間を集計し、賃金計算をします。休憩時間を含めて過不足がないかをご確認ください。

- 労働時間を集計する
- 勤務記録を修正する

← 休憩時間の確認も求めること

〈勤務記録を修正〉

画面2

① 修正箇所・修正理由の入力
② 人事部門の確認
③ 修正結果の反映

② について、上司がサービス残業を命じている場合も想定し、人事部門を確認・承認部署とした

〈労働時間を集計〉

画面3

① ○月の勤務記録で労働時間を集計し、賃金計算をします。
② 勤務記録に修正がある場合は、前画面に戻って勤務記録を修正してください。

〈労働時間を集計〉

〈賃金計算〉

画面4

○月の勤務記録で労働時間を集計し、賃金計算をしました。

懲戒処分・問題社員　第7章

　懲戒処分や問題社員の対応では、検討漏れや結論ありきの対応を避けるため、議論の整理や感情論を防ぐための工夫が必要である。掲載の図で今後の流れの認識を共有し、効率的な検討を心掛けたい。

Q56 懲戒処分の検討で注意すべき点は？

懲戒処分では検討すべき事項が多岐にわたる。検討漏れがない
ように、事前に検討事項や手順を整理しておくことが重要

　労働契約法15条は、「行為の性質及び態様その他の事情に照らして、客観的に合理的な理由を欠き、社会通念上相当であると認められない場合」は、懲戒処分が権利濫用で無効となると規定している。就業規則上の根拠がある懲戒処分でも、同条により、裁判所が処分を不相当と判断すれば無効となる。裁判で争点となるのは、①懲戒処分の根拠規定、②懲戒処分通知に記載された事実（懲戒事実）を裏づける証拠、③懲戒処分の手続き（証拠の収集方法・弁明の機会付与等）、④選択した懲戒処分の適切性（処分の相当性）、⑤懲戒処分に伴う措置の違法性などがある。懲戒処分の検討では、 図65 で挙げた「規則関係」「証拠関係」「本人関係」といった三つの流れや、138ページのチェックリストを参照し、検討漏れを防止する。

　個別の懲戒事由や問題行為ごとのポイントはQ58以下で説明するが、❶同種事案における過去の社内処分、❷懲戒処分の内規・ガイドライン、❸本人の過去の処分歴、❹本人の反省や被害弁償の有無、❺会社に与えた損害や悪影響などは、事案を問わず検討すべき事項である。

　懲戒解雇や諭旨解雇（諭旨退職）では、退職金の不支給・減額の根拠規定も確認しておく。実務では、労働契約の終了を優先し、退職勧奨を行って自己都合退職としたり、普通解雇事由（懲戒事由に該当し、解雇を相当とするとき等）を適用して普通解雇とし、退職金は支払うこともある。

　懲戒処分の社内公表で名誉毀損やプライバシー侵害が問題になることがある（泉屋東京店事件　東京地裁　昭52.12.19判決、エスエイピー・ジャパン事件　東京地裁　平14.9.3判決）。取引先への説明も、他の不正取引の確認等に必要な範囲で実施すべきである（アサヒコーポレーション事件　大阪地裁　平11.3.31判決）。

図65 懲戒処分の検討方法

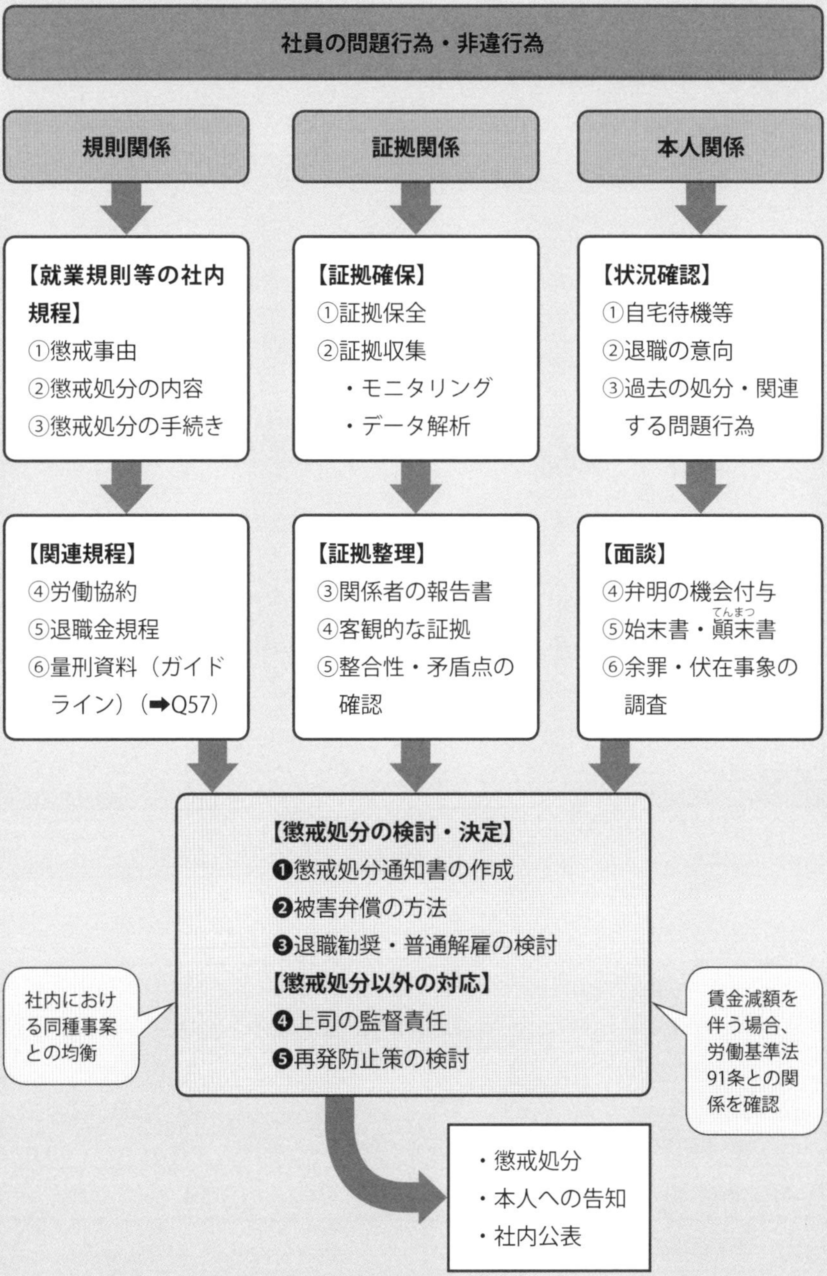

社員の問題行為・非違行為

規則関係	証拠関係	本人関係

【就業規則等の社内規程】
①懲戒事由
②懲戒処分の内容
③懲戒処分の手続き

【証拠確保】
①証拠保全
②証拠収集
・モニタリング
・データ解析

【状況確認】
①自宅待機等
②退職の意向
③過去の処分・関連する問題行為

【関連規程】
④労働協約
⑤退職金規程
⑥量刑資料（ガイドライン）（➡Q57）

【証拠整理】
③関係者の報告書
④客観的な証拠
⑤整合性・矛盾点の確認

【面談】
④弁明の機会付与
⑤始末書・顛末書
⑥余罪・伏在事象の調査

【懲戒処分の検討・決定】
❶懲戒処分通知書の作成
❷被害弁償の方法
❸退職勧奨・普通解雇の検討
【懲戒処分以外の対応】
❹上司の監督責任
❺再発防止策の検討

社内における同種事案との均衡

賃金減額を伴う場合、労働基準法91条との関係を確認

・懲戒処分
・本人への告知
・社内公表

懲戒処分の全体チェックリスト

規則関係の確認	該当条項
①懲戒処分の根拠規定（服務規律・誓約書含む）	
□適用対象者	
□懲戒事由（行為者・上司の監督責任）	
□懲戒処分	
□退職金の不支給・減額の根拠規定（退職金制度・退職金規程の確認）	
②証拠収集に関する根拠規定	
□モニタリング、デジタルフォレンジック（デジタル鑑識）	
□自宅待機、証拠隠滅防止	
□所持品検査	
□報告・調査協力義務	
③懲戒処分の手続き	
□弁明の機会	
□懲戒委員会等	
④その他	
□労働協約 ・内容 ・手続き（労働組合の同意・協議）	
□内規・ガイドライン（➡Q57）	
□社内類似事例	
証拠の収集	対象証拠
⑤証拠の保全	
□散逸防止策（社用パソコンの使用禁止・返却、自宅待機）	
□保存方法（コピー、プリントアウト、撮影）	
□自宅待機命令、資料提出命令	

⑥証拠の収集		
□社内情報 ・本人の過去の問題行為（懲戒処分通知、始末書、注意書等） ・本人の報告書、メール等 ・社内関係者からのヒアリング		
□社外情報（取引先、顧客等）		
□ヒアリング（行為内容、行為前後の行動、認識・意図、弁明・反省等）		
⑦証拠の作成		
□報告書		
□その他		
懲戒処分対象者との対応		
⑧自認書・弁明書		自認事項
□懲戒事実		
□動機・理由・反省		
□被害弁償		
⑨懲戒処分通知		対象事実の特定
□懲戒処分通知の作成 ・就業規則の根拠条項 ・証拠（裁判で提出可能なもの）との整合性 ・不必要な用語（修飾語）や社内用語の修正		
□懲戒処分通知の交付		
その他		
⑩事後措置・関連措置		実施の検討
□再発防止策		
□上司の監督責任・関係者の処分		
□社内発表		

Q57 懲戒処分の量刑表を作成する場合の注意点は？

人事部内の手控え（目安）資料か、社内注意喚起のために周知するかを確認する。後者では量刑表の範囲での処分が原則

懲戒処分の量刑表を内規（ガイドライン）として作成する場合のポイントは、社内周知をするか否かである。

社内周知すれば、懲戒解雇等の重い処分に該当する懲戒事由では労働者に対する注意喚起となり、当該処分の相当性を裏づける際の資料になるが、他方で内規の範囲での懲戒処分が原則になる。

社内周知をする場合、自社における過去の処分例に加え、人事院の指針（懲戒処分の指針について）や労務行政研究所の「懲戒制度の最新実態」（2017年）にある調査結果も参考にする。

図66 は、人事院の上記指針の量刑を参考に作成したフォームである。自社で量刑表を作成する際の参考にされたい。

図66 懲戒処分の量刑例

種別	問題行為		譴責	減給	出勤停止	降格・降職	諭旨解雇	懲戒解雇
服務	遅刻・早退							
		無断・無届け出						
		○回以上（1年度内）						
	欠勤							
		無断・無届け出						
		連続○日以上						
		○回以上（1年度内）						
	職場離脱							
	兼業							
	虚偽届け出・報告							
		遅刻・早退・欠勤						
		休暇・休業						
		勤務時間・勤務日						
		業務報告						
		各種手当（賃金）						
		その他						
		不適切届け出						
	命令不服従							

回数・日数のほか、業務への支障を挙げてもよい

服務	職場秩序紊乱							
	暴行・暴言（傷害なし）							
	暴行・暴言（傷害あり）							
	その他							
	ハラスメント行為							
	地位・権限を利用							
	継続性・悪質性あり							
	有形力行使・傷害							
	示談等の事情							
	営業秘密・個人情報漏洩							
	損害なし							
	損害あり							
金銭	窃盗・横領							
	（　　　円未満）							
	（　　　円以上）							
	被害弁償あり							
	被害弁償なし							
	紛失							
	（　　　円未満）							
	（　　　円以上）							
	被害弁償あり							
	被害弁償なし							
	不正会計							
	取引先への影響							
	不正利益の授受							
	手当等の不正受給（故意）							
	手当等の不正受給（過失）							
	取引先からのリベート受領							
	取引先への不正利益の提供							
権限	逸脱・濫用（故意）							
	懈怠（過失による放置）							
	不適切行使・監督責任							
物品	損壊							
	（　　　円未満）							
	故意							
	重過失							
	過失							
	（　　　円以上）							
	故意							
	重過失							
	過失							
	被害弁償あり							
	被害弁償なし							
	重大な財物							
業務外の問題行為	刑事犯罪							
	起訴猶予・示談の確認							
	飲酒運転（人損・物損なし）							
	飲酒運転（人損・物損あり）							
	違法薬物（所持・使用）							
	痴漢・盗撮（条例違反）							
	報道の有無							
	業務への影響							

注記（吹き出し）:
- ハラスメント行為: セクハラとパワハラで分けてもよい
- 権限: 直接の行為者（部下）の懲戒処分に準じて規定する方式でもよい
- 物品 損壊: 商品の窃盗・横流しは「金銭」の「窃盗・横領」参照
- 飲酒運転: 運送会社等では重い処分を規定する場合あり

【参考】典型的な懲戒事案への対応

1. 業務外の飲酒運転

　業務外の飲酒運転では、①運送会社等で飲酒運転が厳格に禁止される業種か、②事故の重大性や再発・虚偽報告等の悪質性があるか、等を考慮して処分内容を検討する。

業務外の飲酒運転のチェックポイント	
問題性	・飲酒量、呼気のアルコール濃度 ・刑事事件の処分内容 ・マスメディアの報道
業務との関連	・時間、場所（経路） ・車両の所有関係（社有車か否か）
被害（事故）	・事故の有無や程度（人損・物損） ・会社への責任追及（使用者責任・運行供用者責任）
情状	・使用者の業種 ・本人の職務内容や地位 ・処分歴 ・刑罰や事故の報告 ・会社の従前の啓発資料

2. 多額の負債・破産等

　借金や破産自体を理由とした懲戒処分は難しいが、借金対応で担当業務に支障が出ていれば人事評価や懲戒処分を検討する。不正な手当受給や同僚からの借金も考えられるので、借金の理由・経緯を確認し、重要な金銭取り扱い業務は避けるなどの対応も検討する。

多額の負債・破産等のチェックポイント	
借金の内容・金額	・裁判所からの差し押さえ文書 ・社内融資
地位	・資格（破産による欠格事由） ・業務（金銭の取り扱い）
問題行動	・横領等の金銭の不正取り扱い ・不正な手当受給 ・顧客、同僚等からの借金 ・借金返済のための業務外行動（職務専念義務違反）
検討	・返済計画の確認 ・金銭取り扱い部門からの配置転換

3. 無許可の兼業・副業

　無許可の兼業・副業については、①兼業許可に関する手続き違反、②本業への支障、③営業秘密保護、競業禁止、会社の名誉・信用保護といった特別事情を考慮する。療養専念義務を負う私傷病休職中に、隠れて兼業・副業している場合は悪質といえる。

無許可の兼業・副業のチェックポイント	
兼業・副業の内容	・時期（期間） ・業務内容（会社名、部署、役職等） ・勤務日、勤務時間（自社の勤務との重複の有無・程度）
禁止の方法	・就業規則等の手続き規定 ・禁止の範囲 ・許可事由
兼業・副業申請の 有無・内容	・届け出書類 ・兼業・副業禁止や手続きの認識 ・不届け出の理由（本人の弁解）
業務への支障	・疲労回復 ・会社のイメージ低下（名誉、体面） ・営業秘密保持（競業避止）
兼業・副業の理由	・純粋な収入目的 ・実家の手伝い ・スキルアップ
悪質性	・競業（引き抜き） ・会社の名前、職務上の地位の悪用 ・名簿情報等の悪用（情報流用） ・勤務時間、社内での兼業・副業（職務専念義務違反）

経歴詐称した社員への懲戒処分は？

詐称の内容・重大性による。詐称の意図や影響も考慮する。過去の事象なので、証拠の収集・吟味は慎重に行う

経歴詐称の対応が雇用ステージで異なる点はQ13で説明した。

入社（本採用）後に懲戒処分を行う場合は、詐称対象や採用に与えた影響・悪質性が重要になる。経歴詐称がなければ採用しなかったようなケースでは、経歴詐称それ自体が労使間の信頼関係を破壊するものといえる。信頼関係や対象者の信用性が重視される場合、詐称自体が労働者としての適格性を疑わせる場合もある。採用面接の時点で企業が真実に回答・告知を求める事項や、その理由を説明していたかも確認しておく。

経歴詐称を巡る裁判例を見ると、詐称対象は以下のようにさまざまであり、裁判所は詐称の事実だけでなく、詐称による影響や悪質性を考慮して、個別に懲戒処分の有効性を判断している。

職務遂行能力	①職歴・経験・資格　②病気・障害
組織構成	①学歴詐称（高く詐称・低く詐称） ②年齢・生年月日、③職歴（経験）
人物評価・信頼性	①前職でのトラブル　②前科前歴

資格や学歴の詐称が手当支給や役職・賃金等級と結びついている場合、賃金（手当）の不正受給にも関わる。能力不足や資格の前提となる経歴を欠くことで人事権行使として降格・降職とする場合は、懲戒処分との関係で二重処分にならないように注意する。役職や賃金（手当・等級）等を変更する場合は、同意書を取得したほうがよい。

懲戒処分に当たっての全体的な流れは、　図67　で確認されたい。

懲戒処分前のヒアリングでは、①（採用試験や入社時ではなく）入社後の今になって問題とした理由や、②情報入手の経路・方法を質問されたり、③プライバシーを理由に回答を拒否されたりすることも想定されるので、事前に想定問答を準備しておく。

図67　経歴詐称を理由とする懲戒処分

❶ 事実関係の確認

・積極的な詐称か？　単なる秘匿か？
・資料不足や詐称疑惑の段階では資料提出を指示

【本人からの提出資料の確認】
　▶ 必要書類の不提出や虚偽記載
　▶ 各種証明書の偽造
【入社面接時の説明内容】
　▶ 会社側で質問した内容
　▶ 本人からの説明内容

❷ 詐称内容の確認

・募集要項、内定通知、就業規則
・①詐称の重要性、②本人の認識を確認

【入社資格・条件】
　▶ 経験、学歴、資格等
　▶ 上記を記載した資料
【詐称事実が採否に与えた影響】
　▶ 事実の重要性
　▶ 重要性を裏づける資料（内定取り消し事由、
　　入社時誓約書、応募・入社資格等）
　▶ 賃金や役職への影響
【実際の勤務への影響】

❸ 詐称の動機・本人の説明

・悪質性や情状面
・今後の勤務への意識

【採用面接時】
　①重要な経歴・資格は面接で意識的に説明
　②未提出（不提出）資料には、その理由を確認
【詐称事実の確認時】
　①採用面接時の説明内容を確認し、詐称の有無に関する認識を
　　説明させる
　②経歴の重要性に関する認識を確認
　③上記①②の後に、詐称事実および詐称動機を確認

出退勤不良の社員への懲戒処分は？

遅刻・欠勤の事実と業務への支障を証拠化しておく。心身の不調が原因の場合は療養・回復が重要

遅刻・欠勤等の出退勤不良の懲戒処分を検討する場合、遅刻・欠勤等の該当性に加え、本人に適用される労働時間制度（管理監督者や裁量労働制等では出退勤に裁量がある点に注意）も確認する。業務への支障は注意書等で記録に残しておかないと、懲戒処分の有効性が争われた際の状況説明が困難になる。

現場における出退勤管理も重要である。年次有給休暇の事後振り替えの申請を認めていると、出退勤不良の問題が事後的に是正されてしまうので要注意である（電気化学工業事件　新潟地裁　昭37.3.30判決）。遅刻・欠勤を口頭で注意しつつも、上司が了解のサイン・押印をしていると、後から懲戒処分する際の支障になる。遅刻・欠勤以外にも、頻繁かつ長時間の外出が多い労働者には、事前申請や結果報告を義務づけるなどの対応も検討する。

遅刻・欠勤がメンタルヘルス不調が原因である場合、懲戒事由である「正当な理由のない無断欠勤」に該当しないと判断した判例（日本ヒューレット・パッカード事件　最高裁二小　平24.4.27判決）がある。体調不良による出退勤不良が目立つ場合は、医師への受診や診断書提出を要請し、メンタルヘルス不調の懸念がある場合には、懲戒処分の前に、本人に対して休職による療養を促すなどの措置を講じておくべきである。

遅刻・欠勤等で実際の不就業部分を超えた賃金カットは減給処分（労働基準法91条）に該当すると主張され、その後の遅刻・欠勤を理由とする懲戒処分が二重処分（同一事由に関して重ねて懲戒処分を行うこと）として問題となる可能性がある。

全体像や手順は、　**図68**　を参照されたい。

図68　出退勤不良社員への対応

❶ 出退勤記録の確認

①対象時期の届け出・許可（事前・事後）

②証拠確保（タイムカード、業務日報、入退室記録）

③年次有給休暇の時季変更・事後振り替え申請への対応

❷ 労働時間の管理方法を確認

①就業規則、労働協約、
　　労働契約書（労働条件通知書）

②適用される労働時間制度

③本人の地位・業務内容

・上司が黙認していないか？
・長期欠勤はQ62参照

❸ 懲戒事由の確認

①遅刻・欠勤・職場離脱・業務への支障

②関連する問題行為

　・業務内容の虚偽報告

　・残業代の過大請求

　・業務（役職）の適格性

③情状面での考慮事由（病気・メンタルヘルス不調等）

❹ 本人との面談

①懲戒事実の確認

②本人の認識

③反論・弁明

❺ 懲戒処分

懲戒処分を実施しない場合でも注意書・業務改善指示書等で注意喚起

心身の不調が原因の場合は、医師への受診や休職を検討

❻ 出退勤管理の見直し

①届け出・許可の方法

②上司による管理方法

Q60　金銭着服・商品横流しがあった場合の懲戒処分は？

金銭・商品に関する書類をベースに行為態様・時期・内心（計画性・意図等）を確認する。証拠隠滅の防止措置にも留意

刑法上の「横領」「窃盗」「背任」に該当するかを議論するのではなく、金銭・商品に関する記録確認が重要である。現金着服等の行為は秘密裏に行われるため、日時・場所・具体的な行為態様が不明なことが多い。そのため本人の供述が重要になるが、これだけに依拠すると、後で供述が翻されたときに懲戒対象事実の立証が困難になる。書類などの動かぬ証拠（客観的証拠）で確実な部分を押さえた上でヒアリングを行い、どの範囲まで懲戒対象事実とするかの検討になる。

懲戒処分前に証拠の滅失・変造の懸念がある場合は、自宅待機を命じる。ヒアリングで無理に自白を強要すると、後から供述（自白）の信用性が否定される可能性があるので、本人から具体的説明をさせることが重要である。「後で返すつもりだった」「会社のために一時流用した」等と弁解されることがあるが、返済能力やその裏づけがないならば「返したいという願望」にすぎない。本人の認識・動機は根拠までさかのぼって確認する。本人の報告書（弁明書）は、その都度提出させ、不合理性を逐一確認し、矛盾点の理由も本人自身に逐一説明させる。これらの調査では、会計や商品取引に関する知識と実務経験を有する者をメンバーに加えておくとよい。全体像や手順は　図69　を参照されたい。

金銭着服や商品横流しを自白したならば、被害弁償も検討する（➡Q69）。金銭着服や商品横流しは刑事犯罪にも該当し、就業規則でも懲戒解雇等の重い処分が規定されている。伏在事象も想定されるので、今後の調査への協力も約束させる。金銭や商品の不適切管理について職務怠慢を理由に処分することもある。

監督責任も問題となるので、ヒアリング時の上司同席は慎重を要し、現場判断で軽い懲戒処分で済まされないような組織体制も重要になる。

図69　横領・使途不明金の調査

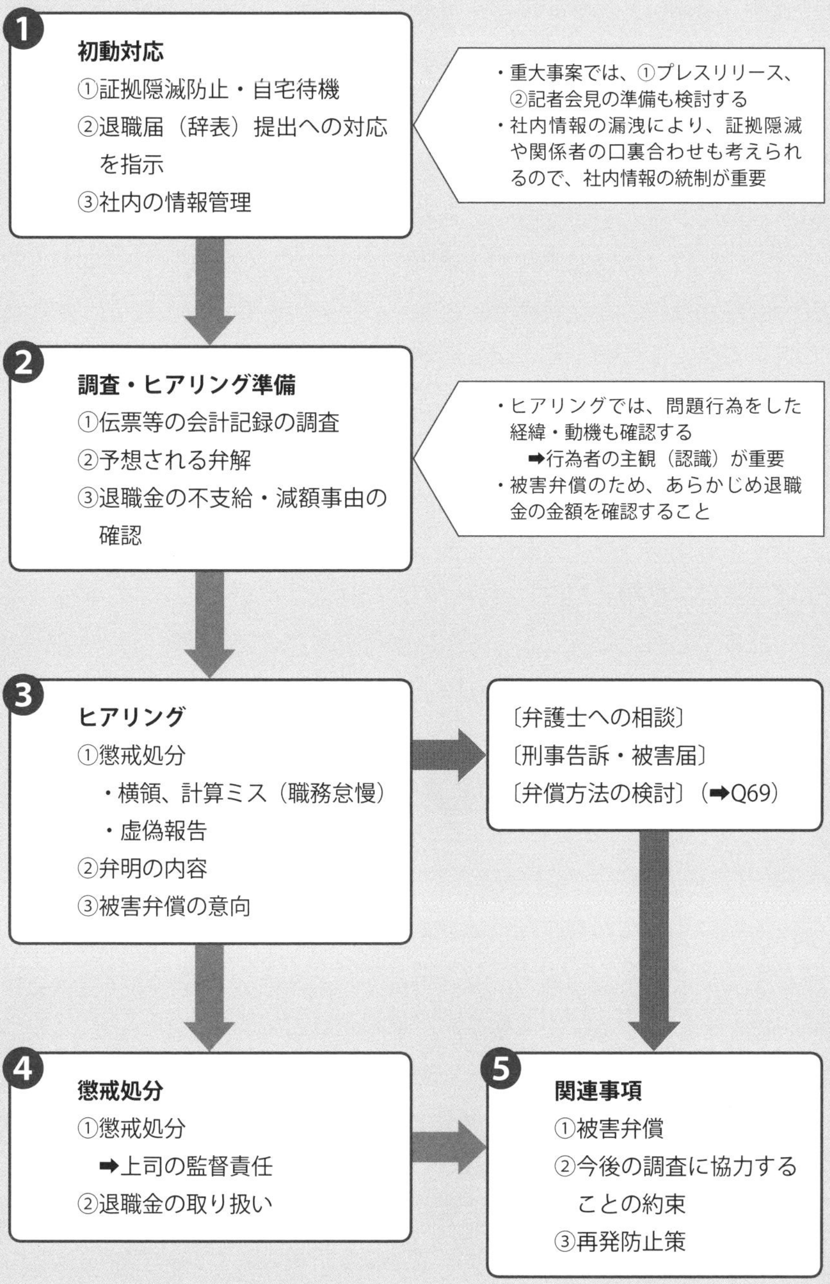

❶ 初動対応
①証拠隠滅防止・自宅待機
②退職届（辞表）提出への対応
　を指示
③社内の情報管理

・重大事案では、①プレスリリース、
　②記者会見の準備も検討する
・社内情報の漏洩により、証拠隠滅
　や関係者の口裏合わせも考えられ
　るので、社内情報の統制が重要

❷ 調査・ヒアリング準備
①伝票等の会計記録の調査
②予想される弁解
③退職金の不支給・減額事由の
　確認

・ヒアリングでは、問題行為をした
　経緯・動機も確認する
　➡行為者の主観（認識）が重要
・被害弁償のため、あらかじめ退職
　金の金額を確認すること

❸ ヒアリング
①懲戒処分
　・横領、計算ミス（職務怠慢）
　・虚偽報告
②弁明の内容
③被害弁償の意向

〔弁護士への相談〕
〔刑事告訴・被害届〕
〔弁償方法の検討〕（➡Q69）

❹ 懲戒処分
①懲戒処分
　➡上司の監督責任
②退職金の取り扱い

❺ 関連事項
①被害弁償
②今後の調査に協力する
　ことの約束
③再発防止策

Q61 不正な手当受給・経費精算における懲戒処分は？

少額であっても十分な調査と検討を行い、申請書類等も精査する。他の不正行為の確認やチェック体制の見直しも行う必要がある

　不正な経費処理や手当受給は、個々の金額は少額であっても黙認・放置は禁物である。実際に問題が大きくなってからだと、①他社員は処分されていない（処分の均衡）、②黙認されていた（重大性の欠如）、③会社は金銭管理のチェック体制が整備されておらず問題視されていなかった（今になって問題とするのは別の意図がある）等と反論される可能性がある。対応手順の全体像は　図70　を参照されたい。

　ポイントを説明すると、まずは申請行為を確認する。意図的に虚偽の内容を記載したり、偽造資料の添付がある場合は悪質である。

　次に、対象期間や金額を確認する。再精算や返金にも関連するので、領収書や会計帳簿と照らし合わせて、具体的に特定していく。虚偽文書の作成等の悪質な行為によって不正な経費精算や手当受給を行っている者は、Q60で述べた金銭着服等の不正行為も行っている可能性があるので併せてチェックする。

　調査では証拠隠滅の防止にも注意する。不正発覚を免れるために経費を付け替えたり、虚偽の書類を作成するケースもあるためである。

　懲戒処分の検討では、①書類等をチェックして不正受給の行為態様（手法）を特定する、②上記行為に対する就業規則の懲戒事由の該当条項を確認することになる。刑法上の詐欺罪に該当するかなどを議論する必要性は乏しく、まずは①②を重点的に検討すべきである。

　その後、③不正受給額（会社の損害額）の算定、④会社に対する虚偽文書の提出（虚偽申請）を確認する、というのが通常の手順である。

　不正受給分の返済が多額であり、早期の退職が想定される場合は、在職中に公正証書を作成しておくケースもある（➡Q69）。

　その他、上司の監督責任やチェック体制の見直しも行う必要がある。

図70　不正な手当受給・経費精算への対応

❶　不正な手当受給・経費精算に関する事実関係の確認

①本人からの提出資料

②会社の損害・本人の利得金額

③就業規則・給与規程の手当支給に関する規定の確認

④社内規則・通知等による禁止・注意喚起の有無

❷　申請行為の計画性・悪質性

①虚偽申請

②申請漏れ・記載ミス

③変更届の提出忘れ

④添付書類の偽造・変造等

⑤証拠隠滅行為の有無

・巧妙なケース、取引先も絡むケースでは、事前に証拠保全策を講じておく

・手当の支給部署や上司・関係者からもヒアリングを実施

〔再発防止策〕

①社内の注意喚起

②チェック体制強化

③上司の監督責任

❸　本人との面談

①過失か？　故意か？

②自認・虚偽の言い訳

③返済の意向・返済計画の現実性

④類似の不正な手当請求・精算

⑤自認書の作成・提出

❹　懲戒処分と関連措置

①返済方法

②類似事案について不正がないことの誓約

③その後の調査への協力

Q62　出社・就労拒否の社員への対応は？

解雇や懲戒処分の前に不就労の理由を具体的に確認する。メンタルヘルス不調やハラスメントが理由の場合は対応に要注意

　解雇していないのに「解雇された」と主張して出社を拒否したり、出社拒否中の労働者が「失業保険がもらいやすくなるので解雇通知を送ってほしい」などと要求するケースもあるが、要注意である。解雇すると、①解雇予告手当や②解雇後の賃金等が請求される可能性がある。**図71** を参考に、想定すべき手順とそれぞれの注意点を確認する。

　まずは、出勤状況を確認し、解雇していないなら出社・勤務を求める。また、本人に対して出勤しない理由（欠勤理由）を具体的に確認する。出社拒否や業務命令違反を理由に解雇（懲戒解雇や普通解雇）となる欠勤日数としては、解雇の除外認定に関する通達（昭23.11.11　基発1637、昭31.3.1　基発111）にある「14日」が一つの目安となる。

　出社拒否や欠勤の理由としてメンタルヘルス不調が疑われる場合は、産業医への受診や病気休暇・休職の申請を促すなどの措置を講じておく必要があり、これらの措置をとらずに行った懲戒解雇を無効とした最高裁判決（日本ヒューレット・パッカード事件　最高裁二小　平24.4.27判決）がある（➡Q59）。裁判例（国・気象衛星センター［懲戒免職］事件　大阪地裁　平21.5.25判決）でも、失踪による無断欠勤が精神疾患によるもので、これを上司も認識し得たとして懲戒免職処分を無効としたものがある。

　職場におけるハラスメントを理由に出社を拒否している場合、①ハラスメントの防止措置を講じた上で、②当該措置を説明して出社を求め、③かかる出社命令に応じないことをもって「欠勤」と扱うという手順になる（名古屋セクハラ［K設計・本訴］事件　名古屋地裁　平16.4.27判決）。労働者側からの要望は具体的に特定しておかないと、無限の要求・約束になって対応困難となるリスクがある。

図71　出社・就労拒否への対応

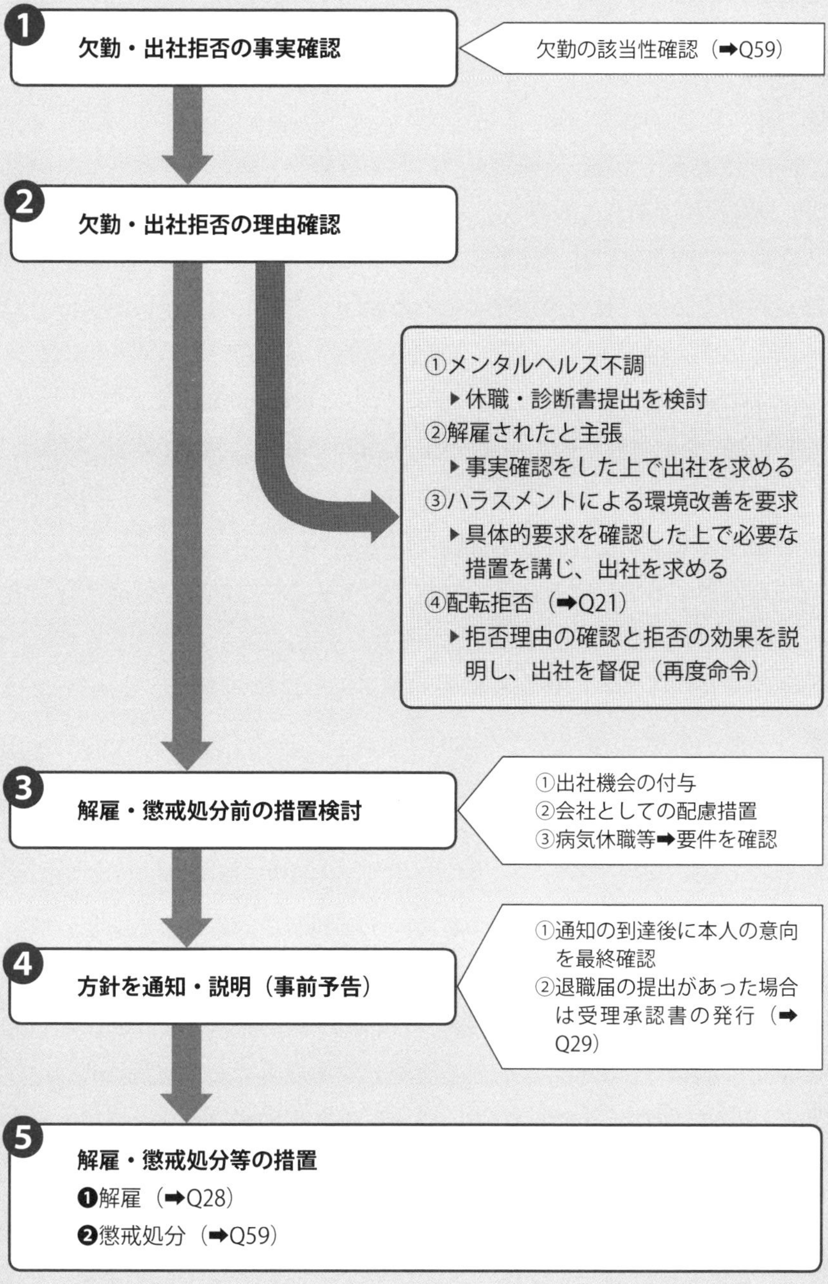

❶ 欠勤・出社拒否の事実確認 ← 欠勤の該当性確認（➡Q59）

↓

❷ 欠勤・出社拒否の理由確認

①メンタルヘルス不調
　▶休職・診断書提出を検討
②解雇されたと主張
　▶事実確認をした上で出社を求める
③ハラスメントによる環境改善を要求
　▶具体的要求を確認した上で必要な
　　措置を講じ、出社を求める
④配転拒否（➡Q21）
　▶拒否理由の確認と拒否の効果を説
　　明し、出社を督促（再度命令）

↓

❸ 解雇・懲戒処分前の措置検討

①出社機会の付与
②会社としての配慮措置
③病気休職等➡要件を確認

↓

❹ 方針を通知・説明（事前予告）

①通知の到達後に本人の意向
　を最終確認
②退職届の提出があった場合
　は受理承認書の発行（➡
　Q29）

↓

❺ 解雇・懲戒処分等の措置
　❶解雇（➡Q28）
　❷懲戒処分（➡Q59）

Q63 行方不明・音信不通の社員への対応は？

本人への連絡方法をまずは確認する。就業規則の解雇・退職事由のほか、退職金の計算方法も確認しておく

懲戒処分以外にも、休職や退職、普通解雇等も検討する必要があるので、**図72**で論点を整理し、本人への連絡方法も確認しておく。

解雇や懲戒処分の効力発生には、相手方（労働者）への意思表示の到達が必要である。無断欠勤等で本人と面談できない場合、口頭や電話で通知を行う。電子メールによる通知が可能な場合は、電子メールによって解雇や懲戒処分を伝えた上で、念のため、同様の通知を文書で行う（受信拒否等、労働者側が書面到達を妨げた際の対応は民法97条2項参照）。

企業によっては、無断欠勤（行方不明・音信不通）が一定期間継続したことを退職事由として就業規則に規定している場合がある。かかる規定の有効性については裁判例や学説は定まっていないが、解雇予告制度との均衡上、退職となる無断欠勤期間として30日以上が無難である（「行方不明・音信不通」の規定解釈が問題となった裁判例として、Ｏ・Ｓ・Ｉ事件〔東京地裁　令2.2.4判決〕がある）。

行方不明となった労働者の過去の勤務状況、行方不明になったときの状況、本人の住居の状況（荷物をまとめて退去しているか）、その後の連絡の有無、連絡がとれなくなってからの期間などを考慮して、労働者側からの黙示の退職（辞職）の意思表示と判断できる場合もある。

行方不明や無断欠勤が休職事由として規定されている場合には、休職扱いとした上で、休職期間満了までに復職しない場合に雇用関係解消（解雇または退職）とする方法もある。解雇でも退職でも、就業規則等の該当条項や通知方法等については、事前に専門家に確認したほうがよい。

退職自体を争わなくても、解雇か自己都合退職かで退職金の支給割合が異なれば支給金額（支給率）を巡る紛争も想定されるので、事前に退職金規程により退職金の計算方法を確認しておく。

図72　行方不明・音信不通社員への対応

❶ 事実関係・社内規則の確認
①欠勤理由
②上記①を裏づける資料
③本人に適用される就業規則・労働協約等の確認

【本人との連絡方法を確認】
①電子メール、携帯電話
②家族、同僚、身元保証人

❷ 就業規則等の条項確認
①退職
②普通解雇
③懲戒解雇
④退職金の支給事由

▶事情が不明な場合には、休職とする方法もある
▶休職規定を確認する

休職要件や休職期間、休職期間満了時の取り扱い（退職・解雇）等

❸ 離職（退職・解雇等）
〔離職手続き〕
　①会社貸与物（ユニフォーム、社員証等）の返却
　②会社に残置された私物の返却
　③業務の引き継ぎ
　④社会保険の手続き
〔離職の理由〕
　①退職
　②普通解雇 ｝ 解雇予告等の手続き
　③懲戒解雇 ｝ を確認（➡Q28）

▶本人と連絡がついたら退職の意向を確認
▶退職届が提出されたら受理承認書を発行（➡Q29）

取引先との不正な利益授受があった場合の対応は？

事案解明のためには取引先からの情報提供が重要になる。懲戒処分のほか損害回収（損害賠償）も視野に入れる

取引先に対する不正な利益授受（金銭要求や不正なキックバックの受領等）は、秘密裏・計画的に行われ、ペーパーカンパニーを用いるなどして正当な報酬・対価のように偽装されることが多い。強制捜査権のない企業では、不正な利益提供をした取引先からの情報提供が不可欠である。調査等の手順は　図73　のとおりだが、対象者が相応の役職や権限を有しているケースでは、以下の点を中心に内密で調査することも多い。

①金銭・利益授受の流れ
②業務行為と利益との対価性（社交儀礼の範囲か？　利益供与が仮想されていないか？）
③時間的・組織的にどの程度の広がりがある事件なのか？

ヒアリングではさまざまな弁解・言い逃れが想定されるので、事前の調査・準備が重要になる。その際、不正な利益の要求・収受では領収書等の偽造・変造や社内における虚偽報告（部下に命じて行わせるケースもある）も想定される点に注意する。対象者が役職者だと退職金が高額になることも多いため、退職金の不支給・減額の検討も必須である。

不正な利益の要求・受領行為が認定できない場合でも、そのような疑義がある場合は配転や取引担当者の変更を検討する。事前予防策として、定期的な配置替えによる癒着防止も重要である。

不正な利益提供を行った者の懲戒処分では、提供した不正利益の配分（キックバック）を受けていたかを確認する。公務員が利益供与の相手方である場合は、刑事犯罪（贈賄罪）も問題になる。企業側が取引獲得のため不正な利益供与を黙認していたり、取引先が不正な利益提供を強要（応じなければ取引中止）してきた場合において、利益供与した担当者をどこまで処分すべきかは難問である。

図73 不正な利益授受への対応

 金銭・利益授受の流れ

 会計資料の確認
①取引先情報
②請求書、領収書

 行為の全体像把握
①担当者の地位・権限
②金銭・利益の相当性
　・会社の経済的損害
③社交儀礼の範囲内といえるか？
　・客観（業界慣行）
　・主観（本人の認識・反論）
④社内手続き
　・禁止行為への該当性
　・上司等への報告

〔注意点〕
▶ 取引金額が市場よりも高い
▶ 取引内容の実態が不明（実態のな
　いコンサルタント料等）
▶ 会社情報がWEB上にない、あって
　も長期間不更新

 懲戒処分
①退職・配転
②同種・類似事案の検討
③今後の取引関係検討
④再発防止策
⑤対象者からの弁償（損害回収）

(1) 問題行為の調査に当たっては、事前に相手方（取引先）からどの程
　度の協力関係が得られるかが重要
(2) 取引先に対して損害賠償請求するかは、上記（1）に関連
(3) 取引先に対する損害賠償請求では過失相殺（全額回収不可）の可能
　性あり

Q65 ハラスメントの検討はどうやって行うのか？

具体的な事象・行為を特定した上で、前後の状況・資料から検討していく。法的責任や労災認定も視野に入れた対応が必要

　セクシュアルハラスメント（以下、セクハラ）やパワーハラスメント（以下、パワハラ）等のハラスメント調査は、申告された行為・事情を特定した上で、以下の観点から整理する。

> ・誰から誰に対する行為が問題になっているのか？
> ・問題となっている行為の時期と内容
> ・前後の当事者の行動や対応
> ・証拠の有無と信用性
> ・問題となっている行為や背景事情

　調査や懲戒処分の手順は 図74 のとおりであるが、被害者・加害者のプライバシーへの配慮が必要であり、情報管理には特に注意する。ハラスメントが法的問題に発展する主な場面としては、以下がある。

> ①加害者の懲戒処分の有効性や処分公表の名誉毀損問題
> ②加害者の使用者（雇用主）としての民法715条の使用者責任
> ③安全配慮義務（労働契約法5条）を理由とした損害賠償請求
> ④労災認定

　セクハラは密室で行われることが多いため、事実認定が難しいケースがある。過去に恋愛や不倫関係があった場合には、私的問題（個人間の恋愛問題）とセクハラ（職場における問題）との区別が難しいケースもある。パワハラは業務上の注意・指導としての必要性・相当性を超えた場合に違法の評価を受ける。問題社員が上司に対する不快感を「パワハラ」と述べて牽制するケースもあり、決めつけ的な調査は禁物である。

　セクハラもパワハラも双方の言い分を聞き、客観的証拠との整合性や具体的行為ごとの検討と時系列から見た行動・説明の合理性を検討していくことになるが、相応の知識・経験が必要であり、専門家に調査を委託することもある。

図74 ハラスメントの検討手順

❶ 当事者の関係・対象行為の特定

対象行為の内容・評価
▶ 前後の行為（加害者・被害者の双方を確認）
▶ 背景事情
▶ 裏づけ資料（証拠）の有無
▶ 服務規律違反・懲戒事由等への該当性

❷ 行為の内容・態様（悪質性）の検討

パワハラの場合は、叱責の原因
（問題行為の有無・内容）や上
司の権限・裁量性も検討

❸ 職場への影響

❹ 当事者への対応
▶ 加害者への懲戒処分
▶ 配転、担当替えによる再発防止

❺ 職場における対応
▶ 教育研修・注意喚起
▶ 相談窓口の設置・周知

【相談窓口】
❶対応放置や不適切対応による二次被害（セカンドハラスメント）に注意
　▶ 匿名による相談、プライバシーに配慮した調査方法
　▶ ハラスメント対応の社内規程・内規に則った対応
❷ハラスメントの相談窓口と公益通報（内部通報）窓口は区別（➡Q94）

Q66　取引先へのハラスメントがあった場合の対応は？

被害者から直接ヒアリングできないことが多く、取引先の協力
が必要である。セクハラでは被害者への報復防止措置が重要

　取引先からのハラスメントでは、セクシュアルハラスメント（以下、
セクハラ）とパワーハラスメント（以下、パワハラ）を区別する。

　セクハラ指針「2（4）」は、「職場におけるセクシュアルハラスメン
ト」においては、事業主、上司、同僚に限らず「取引先」もセクハラの
行為者となり得ると説明している。地方公共団体の男性職員が勤務時間
中にコンビニエンスストアの女性従業員に対してわいせつ行為等をした
事案において、最高裁（加古川市職員停職処分取消事件　最高裁三小
平30.11.6判決）は6カ月の停職処分を有効としている。取引先から積
極的な処罰を望まない意向が示されても、報復や紛争に巻き込まれるこ
とへの懸念によることも多いため、処分軽減は慎重を要する。

　パワハラ指針では、取引先等からのパワハラや顧客等からの著しい迷
惑行為について、相談対応等の「望ましい取組」の中で示しているが、
正当なクレームと違法行為（ハラスメント）との区別は難しい。取引先
からのクレームによる心理的負荷の問題は、基本的には自社の労務管理
の問題であり、直ちに加害者（取引先やその担当者）の不法行為が成立
するものではないとする裁判例（東京地裁　平19.12.4判決）がある。
ただし、取引先の言動が脅迫・暴行・名誉毀損のような度を越えたもの
であれば不法行為が成立する。取引先の労働者に関して虚偽の事実を述
べた者（部長）に、当該労働者からの不法行為に基づく損害賠償請求が
認められた裁判例（名古屋地裁　平14.12.27判決）がある。

　いずれの場合でも、■図75■のように、事実関係の確認では企業間で
の対応協議が必要になる。被害者側が報復を恐れて調査協力に懸念を示
している場合は、情報消去と接触禁止に関する誓約書（次ページ参照）
を提出させ、安心感を持たせることもある。

160

図75 ハラスメントの申告・相談・対応

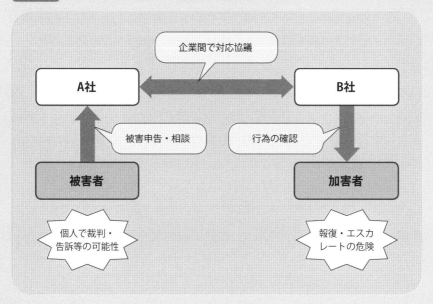

●●会社　御中

誓　約　書

2021年●月●日

1.　私は、本年●月●日に取引先である●●会社の担当者（●●様）への一
　連の迷惑行為についてヒアリングを受け、今後、●●様には一切連絡せず、
　メールアドレスも電話番号もすべて消去したことを誓約します。
　　また、他に私が保管しているデータは存在しないことを誓約します。

2.　私は、取引先の●●様に多大な恐怖心を与えていたことを自覚し、以後は
　●●様を含め取引先の方には一切の連絡・接触をしないことを誓約します。
　　なお、本誓約書の内容を取引先（●●様も含む）にご連絡いただくこと
についても異存ありません。

以上

署　名　_____

Q67 社員が刑事事件を起こした場合の対応は？

刑事事件における手続きを弁護士に確認した上で懲戒処分の手続き・内容を検討する。重大事件では報道への対応も必要

　社員が警察に逮捕された等の情報が入っても、事実関係が当初から判明しているケースは稀である。かかる状況でも適時の判断と対応が必要になるので、早期に弁護士に連絡し予想される展開を確認する。その上で、**図76**を参考に企業としてとるべき措置を検討する。

　企業が弁護士に相談する際、身柄拘束されている社員への面会（接見）を依頼するかは検討を要する問題である。弁護士が接見等で特別の権利があるのは「本人の刑事弁護人」としての立場にあるからで、社員本人との間で守秘義務も負う。「社員の懲戒処分に当たって必要な情報確認」を期待して接見依頼をすべきではない。

　逮捕・送検・勾留請求では、警察によって逮捕されると警察署で取り調べが行われ、逮捕後、48時間以内に検察官に事件を送致（送検）される（刑事訴訟法203条1項）。検察官は、送検後、24時間以内に取り調べを行って、さらなる身柄拘束（留置）の必要があると判断した場合には、裁判官に勾留（被疑者勾留）を請求する（同法205条1項）。

　被疑者勾留・起訴では、勾留請求がなされると、裁判官が勾留質問をした上で勾留するか否かを決定し（同法61条、207条）、勾留が認められると原則10日、最大20日以内に公訴提起（起訴）される（同法208条）。起訴するか否かは検察官の専権であり（同法247条、248条）、身柄拘束がないまま起訴（在宅起訴）されることもある。

　逮捕されても必ず起訴されるわけではないし、釈放や保釈で復職可能となる場合もある。刑事処分の時期・結果をどの程度斟酌するかをあらかじめ検討した上で懲戒処分の有無・内容を検討する必要がある。

　社員本人のプライバシーや復職時の職場環境・受け入れ体制に配慮し、情報管理にも十分な注意が必要である。

図76 社員が逮捕・勾留された場合の手続き

❶ 休職規程の確認

なし　　　あり

- ▶ 起訴休職の適用の有無（休職は解雇猶予措置の側面あり）（➡Q47）
- ▶ 休職の始期と終期
- ▶ 休職中の賃金や社会保険の取り扱い

❷ 社内検討事項

①業務関連
- ・引き継ぎ方法（社内の者で接見できるかを確認）
- ・取引先、職場への連絡（本人の意向を確認）

②本人の意向確認
- ・職場復帰時期（年次有給休暇の申請も確認）
- ・退職の意向（退職金規程で算定）
- ・家族への連絡

③懲戒処分・社内措置
- ・刑事事件の進捗（しんちょく）や結果をどの程度考慮するか

❸ 懲戒処分の検討

①懲戒事由（業務との関連性・報道の有無等）
　※刑事処分の内容を考慮する場合は処分時期・内容を確認

②勤務継続（復職）する場合は時期や所属・担当業務

③社内説明

❹ 懲戒処分

- ・身柄拘束中の場合は通知方法を事前確認

Q68 社員間で暴行・傷害があった場合の対応は？

企業に対する損害賠償責任や労災にも関連する問題であり、紛争対応では全体像を意識する。加害者の懲戒処分以外に被害者への配慮も重要

　社員間の暴行・傷害で「けんか両成敗」とか「けんかなので労災ではない」などの議論をしていると対応を誤る。関係者を **図77** のように整理すると、被害者は加害者に対して暴行・傷害を原因とする損害賠償請求が可能であり（民法709条、710条）、使用者に対しても、①使用者責任（同法715条1項）や②安全配慮義務違反（労働契約法5条）による損害賠償請求の可能性がある点が分かるだろう。

　①では、加害者の不法行為の成立要件と事業執行性、②では予見可能性が争点になることが多い。使用者（企業）側で被害者に全額の損害賠償を行った場合、支払った金額の一部を加害者に求償することも考えられる（民法715条3項。求償に関する説明はQ69参照）。

　加害者に対しては、被害者に対する示談や謝罪を促すとともに、**図78** で今後の手順を確認し、懲戒処分では以下の点を確認する。

経緯・原因	従前のトラブル、業務との関連性、攻撃直前の行為・動機
暴力行為の内容	加害行為の内容（凶器・回数・執拗性）、攻撃対象の部位
暴力後の対応	中止時期、救護活動、謝罪
受傷状況	重症度・回復見込み（診断書の内容）、治療費負担
現状・今後の方針	示談、職場復帰、異動

　被害者・加害者間の示談では、企業としての関与形態も検討しておく。示談により加害者の不法行為性に争いがなくなると、それを前提に企業に使用者責任等が追及される可能性がある。被害者に対して見舞金を支払ったり、一定の責任を認めて示談金（解決金）を支払う際には、以後の企業に対する損害賠償請求との関係を文書で明確化しておく。業務に関連したけんか・暴力の場合は労災認定される場合もある。労災申請があった場合の対応は、Q92を参照されたい。

図77 加害者・被害者等の関係者

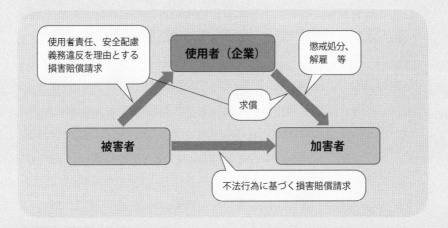

図78 社員間のトラブルでけが・休業が発生した場合の対応

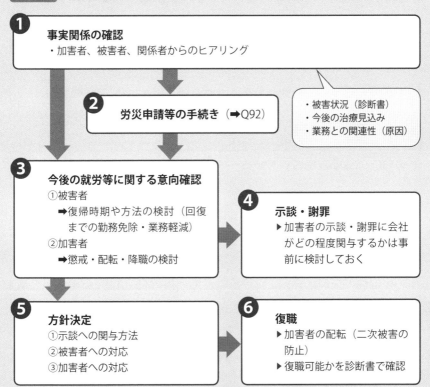

❶ **事実関係の確認**
・加害者、被害者、関係者からのヒアリング

❷ **労災申請等の手続き（➡Q92）**

・被害状況（診断書）
・今後の治療見込み
・業務との関連性（原因）

❸ **今後の就労等に関する意向確認**
①被害者
　➡復帰時期や方法の検討（回復
　　までの勤務免除・業務軽減）
②加害者
　➡懲戒・配転・降職の検討

❹ **示談・謝罪**
▶加害者の示談・謝罪に会社
がどの程度関与するかは事
前に検討しておく

❺ **方針決定**
①示談への関与方法
②被害者への対応
③加害者への対応

❻ **復職**
▶加害者の配転（二次被害の
防止）
▶復職可能かを診断書で確認

Q69 不祥事・事故を起こした社員への賠償請求は？

企業からの賠償請求を制限する判例・裁判例あり。賃金・退職金からの回収のほか、公正証書で分割弁済させる方法もある

　企業が使用者責任（民法715条1項）に基づく損害賠償を被害者に行った場合、その支払った金額を不法行為を行った労働者本人に求償することができる（同条3項）が、この求償額（求償割合）が制限される（労働者の責任が限定される）場合がある。

　最高裁判決（茨城石炭商事事件　最高裁一小　昭51.7.8判決）では、過失による事故（不法行為）の事案において、労働契約の特質（指揮命令下の労働、労働者の労働によって使用者が経済的利益を得ていることから生じる報償責任の要請）を考慮して、損害賠償額を25％に制限した。また、労働者が賠償した金額が自己の負担割合を超えているときは、企業側に逆求償できる場合がある（福山通運事件　最高裁二小　令2.2.28判決）。他方、労働者の故意による不法行為の事案では、企業からの全額の求償を認める裁判例（名古屋地裁　平24.12.20判決）もある。

　労働者から企業への支払方法としては、賃金や退職金から控除する方法があるが、賃金や退職金の放棄や合意相殺に関しては有効となる要件が判例によって限定されている（➡Q49）。

　そのため賃金や退職金からの回収ではなく、被害弁償の念書や弁済契約書を作成し、法的な強制措置（民事執行）を視野に入れる場合には、公正証書を作成する方法をとることがある。身元保証人への請求では、身元保証書の内容を確認するとともに、民法における保証との関係、具体的には個人根保証契約における極度額の規制（民法465条の2第2項）や身元保証法に基づく賠償金額の制限（同法5条）等を検討しておく必要がある。これらの全体像は、 図79 を参照されたい。

　公正証書については次ページ下段の作成手順を参照し、事前に公証役場（公証人）との間で書面内容の確認や日程調整を行うことになる。

図79　社員に対する損害賠償請求（求償）

❶　損害賠償額の確認

①保険による補塡
②被害者への賠償額
③企業側の負担額（責任割合）

❷　判例法理による賠償請求額の制限

①社内規程や誓約書の内容

②行為態様（故意か、過失か）

③企業側の損害回避措置（社内教育・防止措置・保険加入等）

❸　賠償方法の検討

①賃金・退職金からの回収

・労働基準法24条の規制（全額払いの原則）

・判例法理による制限（放棄・合意相殺の有効性）

②個別合意による回収

・返済計画

・公正証書の作成

③身元保証人への請求

・身元保証の有効性（保証の極度額・身元保証法上の規制）

・賠償額の制限（企業側の監督上の過失、担当業務の変化等）

■公正証書の作成手順

権利関係の確認	①請求金額（発生時期・根拠資料） ②弁済時期（分割・最終支払時期） ③弁済方法（振込口座・振込手数料） ④連帯保証人・公正証書の作成費用の負担
必要書類の手配	・公正証書の原案 ・その他（必要書類や費用は公証役場に事前確認）
作成資料	公正証書（執行証書）、執行文、送達証明

SNS の不正投稿をした社員への懲戒処分は？

投稿内容によって懲戒事由や処分の軽重は異なる。投稿内容の
早期削除や再発防止策（社内教育による注意喚起）も重要

　Twitter（ツイッター）やFacebook（フェイスブック）、ブログといっ
たソーシャルネットワーキングサービス（SNS）の利用者の増加により、
勤務先や顧客に関する不適切な書き込みや投稿を行う労働者が増えたこ
とから、SNS規程やガイドラインを策定し、社内教育に取り組んでいる
企業も多い。問題投稿が発見された場合の対応措置では、ネット上の情
報は瞬時に拡散・転載されるため、退職や懲戒処分の議論の前に事実確
認と削除を優先させる。

　SNSの不正投稿に関する全体的対応は 図80 になるが、不正投稿が
発見された場合、まずは投稿した労働者本人に連絡し、他の媒体への投
稿や投稿内容の削除・修正方法を確認する。顧客や取引先への説明や謝
罪、プレスリリースが必要になるケースもある。事実関係の確認や削除
が完了した後、本人に対する注意や懲戒処分を行う。

　他の社員が同様の行為をしないように社内研修における注意喚起も重
要であり、その際のポイントは以下のとおりになる。

①いったん投稿すると瞬時に拡散・転載され、削除不能となる場合があること
②民事上の不法行為責任、刑事上の名誉毀損罪が成立する場合があること
③会社の使用者責任（損害賠償責任）も問題になること
④会社のイメージが大きく損なわれるリスクがあること（レピュテーションリスク）
⑤投稿者の氏名以外にも住所・家族がネット上で特定されるリスクがあること

　勤務時間中の投稿や、会社貸与の携帯電話やパソコンで投稿された場
合は、使用者責任の問題（民法715条）にもなり得る。個人としての投
稿でも会社・組織としての発言と受け取られる可能性があることから、
注意喚起のため、就業規則等の社内規程だけでなく、社内研修後に170
ページのような誓約書の提出を社員に求めることがある。

図80　SNSへの不正投稿発覚時の対応

❶ 研修の実施・規則整備
①禁止理由の説明
②禁止・問題行為は具体例で説明（※）
③遵守義務、懲戒事由の規定説明

> ※就業規則等への規定だけ
> では不十分

❷ 誓約書等の提出
①企業名、部署名の非公開
②顧客、業務情報の書き込み禁止
③上記①②を発見した場合の報告義務
④自己の投稿がネット上で問題拡大（炎
　上）した場合の報告義務

> ※保管時の注意点
> ①本人が削除・修正する場
> 　合もあるので、プリント
> 　等で保管する（懲戒処分
> 　の証拠）
> ②投稿時間や他の投稿場所
> 　（サイト）も調査

❸ 問題記事の掲載発見
①投稿内容の保管（※）
②本人への確認・削除指示（投稿内容・
　投稿場所・時期・動機等）

> ※懲戒処分以外の措置
> ①処分後に発見・指示され
> 　た投稿についての削除の
> 　誓約
> ②再発防止のため配転（異
> 　動）も検討

❹ 事後対応
①プレスリリース
②個別の謝罪・事情説明
③懲戒処分（※）

株式会社●●●●御中

誓　約　書

　私は、インターネット等における匿名の情報発信であっても他の情報と組み合わせることにより発信者を特定することができる場合もあること、個人の見解であることを明示したとしても所属組織や業務上の情報発信と受け止められる場合もあることを踏まえ、このような情報発信に関して、下記のとおり誓約します。

記

1.　私は、Twitter（ツイッター）やFacebook（フェイスブック）、ブログ等のソーシャルネットワーキングサービスその他のツールを使ってインターネット等に以下の情報の書き込み・投稿や画面等の掲載を行いません。
　　①会社の施設・書類・勤務中の自己および他の社員
　　②自己が関与している業務の内容
　　③会社の制服・社員章等を着用した状態での画面
　　④会社の取引先・顧客に関する情報
　　⑤……
2.　私は、会社が前項の①〜⑤に該当すると判断した事項、その他、会社が不適切な記載と判断した事項については、記載先・記載方法を会社に報告するとともに、直ちに削除手続きを行います。また、上記記載を行った機器やデータについて会社から提出を命じられたときは、これに従います。
3.　私は、勤務時間中は職務専念義務を負い、インターネット上への個人的な書き込みや閲覧は、短時間でも行いません。
4.　私は、業務上知ることのできた営業情報、個人情報（マイナンバーを含む）等について、インターネット上での情報発信を行いません。他の情報と組み合わせることによりその内容を特定される恐れのあるものについても、同様に注意し、情報発信を行いません。
5.　私は、会社の名称や業務内容等をインターネット等に記載する場合、あらかじめ上司に報告し、許可を得るようにします。
6.　第2項および第4項については、退職後においても遵守し、会社からの指示にも従います。

　　　年　　月　　日

　　　　　　　　　　　　　　　　　　所　属
　　　　　　　　　　　　　　　　　　氏　名

非正規社員を巡る基礎知識

　非正規社員を巡るトラブルでは、①契約更新では無期転換制度や雇止めを意識すること、②正社員との待遇差が問題となること、③定年後再雇用者や派遣労働者には独自の法規制があること、を踏まえた対応が必要である。

　本章では基礎知識を、第9章では具体的な待遇設定に関する問題を説明する。

Q71　契約更新・雇止めで注意すべき点は？

Q72　無期転換制度への対応手順は？

Q73　無期転換制度の導入手続きは？

Q74　65歳までの継続雇用で検討すべき事項は？

Q75　70歳までの就業確保（雇用による方法）の注意点は？

Q76　70歳までの就業確保（創業支援等措置）の注意点は？

Q77　労働者派遣における期間制限（3年）の注意点は？

Q78　派遣労働者を巡るトラブルの対応方法は？

Q79　同一労働同一賃金（パート・有期法）の対応手順は？

Q80　待遇差の説明義務への対応は？

Q71 契約更新・雇止めで注意すべき点は？

契約更新の条項に基づいて、手順をマニュアル化しておく。雇止めと解雇の区別は必須

　雇止め（契約不更新）では、労働契約法19条の解釈や判例・裁判例を検討する前に、契約更新の実績と契約更新の条項を確認する必要がある。5年を超えて契約更新している場合には、無期転換申込権（➡Q72）の行使を意識しなければならない。就業規則や労働契約書で契約更新する場合の考慮事由や更新上限（回数制限等）、契約更新・不更新の手続規定を設けていることもある。これらを確認した上で、契約更新するか否かを検討する。

　雇止めの判断枠組みは労働契約法19条で規定されており、　図81　に沿って更新条項の確認や証拠関係を整理し、更新条項に則して契約終了（雇止め）の理由を本人に説明する。

　「有期労働契約の締結、更新及び雇止めに関する基準」（平15.10.22厚労告357）では、雇止め予告や雇止め理由の文書明示の義務を規定している（1条、2条）。契約不更新を了解した場合、離職票の記載内容も含めて書面合意しておくと、後日のトラブル回避になる。

　留意すべきは、雇止めと解雇を明確に区別することである。契約期間を労使で合意した以上、契約期間途中の解雇は「やむを得ない事由」（労働契約法17条1項）が必要であり、企業側の都合で解雇することは非常に困難である。「非正規社員は雇用の調整弁」などと考えて解雇が容易にできると勘違いしているケースもあるので注意を要する。

　契約更新時に労働条件を変更する場合がある。変更する労働条件は勤務シフトや賃金等のほか、急激な景気変動に備えて契約期間を短縮することで、契約期間中の解雇リスクを減少させることがある。実務では契約更新時の労働条件変更のための根拠規定を設けることがある（次ページ下段の条項例第3項参照）。

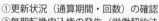

図81　契約更新・不更新の検討手順

❶　現在の雇用状態・更新状況の確認

①更新状況（通算期間・回数）の確認
②無期転換申込権の発生（労働契約法18条）
③更新・不更新の社内手続き（担当部署・スケジュール）

❷　更新条項の確認

・就業規則、労働契約書の規定（下段の条項例参照）

・不更新事由の確認　➡裏づけ資料の確認

①雇止め予告の準備（期間満了の30日前までに実施）
②雇止め理由書の準備（事前に専門家に確認）

❸　本人との面談・通知

・本人の意向確認

・書面説明、退職時の手続き説明

契約期間・更新の条項例

（契約期間）

第○条　本契約の期間は、20　　年　月　日から20　　年　月　日までとする。

2　前項の契約期間の満了により、本契約は終了する。ただし、契約期間満了時の業務量、従事している業務の進捗状況、会社の経営状況、今後の業務および経営の見通し、再雇用社員の業務遂行能力、勤務成績、態度、健康状態等の事情を考慮し、会社と再雇用社員の合意により労働契約を更新できるものとする。

3　前項で契約更新する場合でも、会社が提案する労働条件の見直しを行い、更新前のものとは異なることがある。

4　有期雇用特別措置法の特例により、定年後に引き続いて雇用されている期間は、労働契約法18条による無期転換権が発生しないものとする。

更新上限の条項例

「本契約の更新は、初回契約から通算して○年を上限とする。」

Q72 無期転換制度への対応手順は？

労働契約法18条の無期転換制度への対応は、契約更新の上限や「同一労働同一賃金」の問題も視野に入れる必要がある

有期契約労働者の現状確認（人数・契約形態・契約更新の状況等）が必要である。労働契約法18条の無期転換制度における「5年」のカウントは法人単位であり、全社での統一的な確認が必要になる。無期転換申込権が発生しないように契約更新上限を設けることがあるが、更新上限は初回契約から明記しておくことが重要である。

無期転換制度には、高度な専門的知識を有する者と定年後再雇用者の特例が有期雇用特別措置法で設けられているが、特例の適用を受けるためには都道府県労働局長による認定が必要になる点に注意する。

労働契約法18条では、無期転換しても契約期間以外の労働条件は変更されないが、「別段の定め」を設けて労働条件を変更する方法も認められている。契約更新時に労働条件の変更をしており（根拠規定はQ71の条項例参照）、無期転換後も定期的な労働条件の変更を行う場合は、その旨の「別段の定め」（労働契約法18条1項）を設けておくことになる（条項例は次ページ下段参照）。この点は労働契約法の施行通達や厚生労働省のリーフレットでも言及されている。

厚生労働省リーフレット「労働契約法改正のあらまし」より

　有期労働契約の更新時に、所定労働日や始業終業時刻などの労働条件の定期的変更が行われていた場合に、無期労働契約への転換後も、それまでと同様に定期的にこれらの労働条件の変更を行うことができる旨の別段の定めをすることは、差し支えないと解されます。

　また、無期労働契約に転換した後における解雇については、個々の事情により判断されるものですが、一般的には、勤務地や職務が限定されているなど労働条件や雇用管理がいわゆる正社員と大きく異なるような労働者については、こうした限定等の事情がない、いわゆる正社員と当然には同列に扱われることにならないと解されます。　　　（下線は筆者）

無期転換制度の対応を現場任せにすると、手続きの不備や誤解を招く対応のリスクがあり、対応窓口の統一と手続き書面の準備が必要である。

無期転換制度の導入手続きについては、Q73を参照されたい。

図82　無期転換制度への対応手順

❶　有期契約労働者の種別・人数・雇用状態を確認

①有期雇用特別措置法の対象者や労働局の認定状況
②正社員登用の実績
③同一労働同一賃金の待遇差の整理表（Q82）も確認

❷　有期契約労働者の就業規則・労働契約書の整備

①契約更新時の労働条件の見直し・変更
②更新上限
③労働契約法18条の要件との整合性を確認

❸　無期転換後の労働条件確認

①無期転換前の労働条件との変更点
②無期転換後の労働条件の定期的な見直し・変更
③同一労働同一賃金の規制対応
④限定正社員・正社員登用制度との関係

❹　無期転換の手続き（対象者への説明・書式等の準備）

【準備すべき書類】
①無期転換社員用の就業規則
②上記①に同意する旨を規定した無期転換申込書
③無期転換の時期を明記した通知書

無期転換後の労働条件変更の条項例

無期転換後の労働条件は、契約期間に関する部分を除き、無期転換後も引き続き適用する。
ただし、無期転換前の有期労働契約の更新時に見直しや変更を行っていた労働条件は、無期転換後も定期的に見直しや変更を行うことがあるものとする。

Q73 無期転換制度の導入手続きは？

正社員登用制度や同一労働同一賃金の規制ともリンクする。更新上限を設ける場合は、初回契約から労働契約書に明記する

　労働契約法18条の無期転換制度では、契約期間以外の労働条件、例えば、賃金や配転範囲等の労働条件を無期転換時に変更する場合は「別段の定め」が必要になる。無期転換の方法を３パターン紹介する。

　最もシンプルなのは **図83** のトライアングル方式であり、多くの企業で導入されている。 **図84** のエレベーター方式は、更新上限を設けることで無期転換自体を回避する方法である。更新上限は契約当初から設けておくほか、正社員登用制度との関連性が重要になる。

　図85 の階段方式は、無期転換によって手当や賞与等の待遇をアップさせる方法である。待遇アップに見合った職務・責任の変更を行わないと、同一労働同一賃金の問題が出てくる点に注意を要する。

　無期転換社員の待遇設定についてはQ86を参照されたい。

図83　トライアングル方式

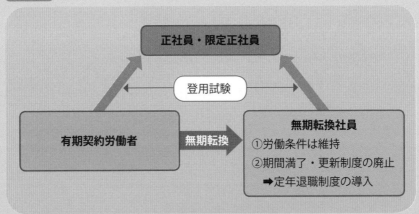

❶契約期間に関する規定以外は無期転換前の労働条件を維持する
❷有期契約労働者や無期転換社員の中から正社員（限定正社員）に登用する

図84 エレベーター方式

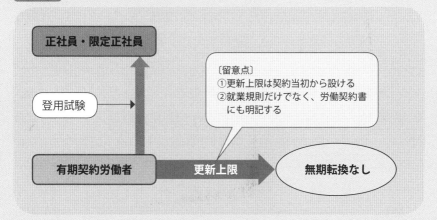

❶有期契約労働者には契約当初から更新上限を設け、無期転換は実施しない
❷有期契約労働者で優秀な者は、登用試験で正社員（限定正社員）に登用する

図85 階段方式

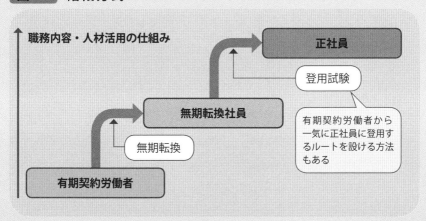

❶有期契約労働者から徐々に正社員にステップアップさせ、その中間形態として
無期転換社員を位置づける
❷待遇向上に見合った職務・責任の変更を実施する

65歳までの継続雇用で検討すべき事項は？

「再雇用制度適用」と「適用後の契約更新・更新上限」、「再雇用時の労働条件」と「更新後の労働条件」を区別して検討

　高年齢者雇用安定法は、定年年齢を60歳以上とし（同法8条）、65歳までの雇用確保措置（①定年引き上げ、②継続雇用制度の導入、③定年の廃止のいずれか）を講じることを義務づけている（同法9条）。

　多くの企業は②の継続雇用制度を導入し、1年以内の有期労働契約を締結する再雇用（定年後再雇用）の形態を採用している（➡70歳までの就業確保措置の努力義務についてはQ75）。継続雇用制度（定年後再雇用）で問題となる場面には、以下のものがある。

①定年後再雇用を拒否した場合の取り扱い
②再雇用時の労働条件の内容
③再雇用後の契約不更新（雇止め）
④再雇用時の更新上限年齢・無期転換制度との関係

　継続雇用制度においては、希望者全員を対象とする必要があるが、就業規則の解雇事由や退職事由と同じ内容を「継続雇用しない事由」として規定することは可能である（厚生労働省「高年齢者雇用安定法Q＆A（高年齢者雇用確保措置関係）」Q2-2）。また、平成25（2013）年3月31日以前の労使協定により継続雇用制度の対象者を限定する基準を設けることが認められていたが、同基準が適用できるのは令和7（2025）年3月31日までである（上記「Q＆A」Q1-1）。

　定年退職制度や定年後再雇用の労働条件は、就業規則本体や定年後再雇用規程等の別規則、労使協定や労働協約、個別の労働契約書で確認する。定年後再雇用の検討手順は 図86 で確認し、事前にスケジュールを組んでおく。

　再雇用時の労働条件では、定年退職前後の賃金減額幅を抽象的に議論すべきではなく、70歳までの雇用も視野に入れて定年後再雇用者の基本給の趣旨を意識すべきである。

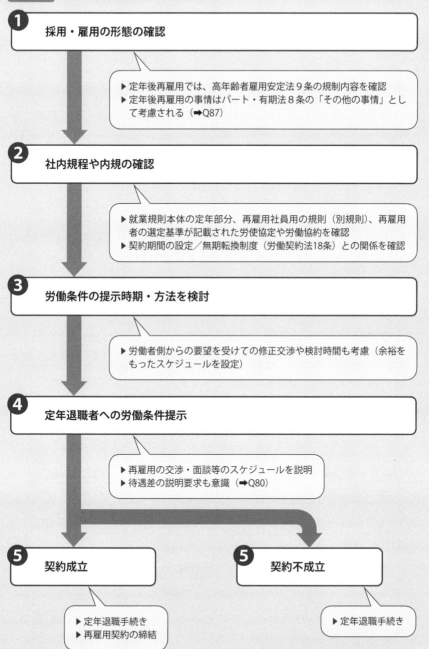

図86 定年後再雇用の検討手順

❶ 採用・雇用の形態の確認

▶ 定年後再雇用では、高年齢者雇用安定法9条の規制内容を確認
▶ 定年後再雇用の事情はパート・有期法8条の「その他の事情」として考慮される（➡Q87）

❷ 社内規程や内規の確認

▶ 就業規則本体の定年部分、再雇用社員用の規則（別規則）、再雇用者の選定基準が記載された労使協定や労働協約を確認
▶ 契約期間の設定／無期転換制度（労働契約法18条）との関係を確認

❸ 労働条件の提示時期・方法を検討

▶ 労働者側からの要望を受けての修正交渉や検討時間も考慮（余裕をもったスケジュールを設定）

❹ 定年退職者への労働条件提示

▶ 再雇用の交渉・面談等のスケジュールを説明
▶ 待遇差の説明要求も意識（➡Q80）

❺ 契約成立

▶ 定年退職手続き
▶ 再雇用契約の締結

❺ 契約不成立

▶ 定年退職手続き

Q75 70歳までの就業確保（雇用による方法）の注意点は？

①対象者を限定する基準（対象者基準）、②無期転換制度、③賃金設定方法（定年退職や65歳前後の差異）に注意

高年齢者雇用安定法9条では、65歳までの希望者全員の雇用確保措置を講じることを企業に義務づけており（➡Q74）、令和7（2025）年3月31日には労使協定によって継続雇用制度の対象者基準を適用できる経過措置が終了する。

70歳までの就業確保措置の努力義務は、現行の法規制を前提とし（施行日は令和3年4月1日）、相互の関連性は　**図87**　で確認されたい。同法10条の2は、定年（65歳以上70歳未満のものに限る）の定めをしている企業に、自社の雇用する高年齢者等について、①定年引き上げ、②定年制の廃止、③継続雇用制度の導入といった現行の高年齢者雇用確保措置と同様の措置により、65歳から70歳までの安定した就業を確保する措置を講じる努力義務を課している。もっとも、事業主等が過半数労働組合等の同意を得て講じる創業支援等措置によって70歳まで就業確保する方法も認められている（➡Q76）。

実務では、③の継続雇用制度の上限年齢（65歳）の延長で対応することが想定され、その場合は対象者基準による限定が重要になることから、行政の指針（高年齢者就業確保措置の実施及び運用に関する指針）やQ＆A（高年齢者雇用安定法Q＆A〔高年齢者就業確保措置関係〕）を十分確認しておく。また、継続雇用期間が5年を超える場合は無期転換制度（労働契約法18条）の特例措置（都道府県労働局長による認定等）の検討も必要となる（➡Q72）。

65歳以降の労働条件設定では、　**図88**　のように同一労働同一賃金の規制（パート・有期法8条の均衡待遇規制と9条の均等待遇規制）だけでなく、65歳前後の賃金変更の有無・理由も整理することが必要である（詳細はQ88を参照）。

図87　定年退職後の制度の関連性

正社員の就業規則 （60歳定年）	再雇用制度 （65歳までの雇用確保）	新制度（努力義務） （70歳までの就業確保）
定年退職日 再雇用の対象者	再雇用日 再雇用制度の対象者 契約更新の方法 更新上限（65歳）	他の制度との関係性 無期転換制度（労働契約法18条） 契約更新、就業確保の方法 更新上限（70歳）
再雇用の申し出方法	65歳までの契約更新の方法 65歳超の再雇用の申し出方法	70歳までの契約更新の方法
役職（役職定年）賃金 ➡	65歳までの労働条件 ➡	70歳までの労働条件
退職金 早期退職優遇（割増退職金）制度	最終更新時の慰労金（退職金類似の制度）	

図88　定年後再雇用者の比較対象者

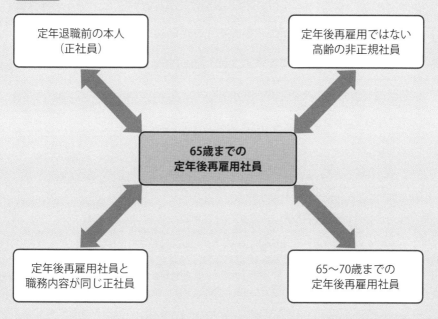

定年退職前の本人
（正社員）

定年後再雇用ではない
高齢の非正規社員

65歳までの
定年後再雇用社員

定年後再雇用社員と
職務内容が同じ正社員

65～70歳までの
定年後再雇用社員

Q76 70歳までの就業確保（創業支援等措置）の注意点は？

過半数労働組合等の「同意」に加え、企業の経営方針との整合性、継続的な実施・運営ができるかを慎重に検討することが必要

　創業支援等措置の導入では、実施計画の作成と過半数労働組合等との同意（過半数労働組合がない場合は従業員の過半数代表者の同意）がポイントになる。実施計画を作成しても過半数労働組合等の同意を得る必要があるほか、個人事業主や社会貢献事業という形式で自社が契約（出資）することについて経営方針との整合性や株主等の理解も重要になる。

　全体的な手続きは、**図89**を参照されたい。

　個人事業主（フリーランス）として契約する場合は業務委託契約書の内容のほか、労働関係法規（労働基準法や労働組合法等）の適用を巡る紛争に注意する。社会貢献事業は行政の指針（高年齢者就業確保措置の実施及び運用に関する指針）やQ＆A（高年齢者雇用安定法Q＆A〔高年齢者就業確保措置関係〕）等を確認し、現実に継続的運用ができるのかを検討する。なお、他の事業主が実施する社会貢献事業によって高年齢者の就業を確保する場合は、当該社会貢献事業を実施する事業主等との間で契約締結が必要となる点に注意する。

業務委託契約	社会貢献事業
①個人事業主（フリーランス）として契約する場合は、業務委託契約書の内容に注意 ➡「フリーランスとして安心して働ける環境を整備するためのガイドライン」に留意 ②65歳までの再雇用契約を、そのままの就労形態で「業務委託契約」に変更するのは不適 ➡労働基準法や労働組合法の適用が問題となることがある点に注意	①行政資料で「社会貢献事業」の内容を確認した上で、実際に継続的に実施できる事業なのかを検討 ➡自社・グループ会社で運営・就業実績がある場合は、今後の見通しや改善点も併せて検討 ②他の事業主や団体が実施する社会貢献事業 ➡法定要件を満たす契約（社会貢献事業を実施する事業主等が高年齢者に対して社会貢献事業に従事する機会を提供することを約する契約）が必要

図89　創業支援等措置の手続き

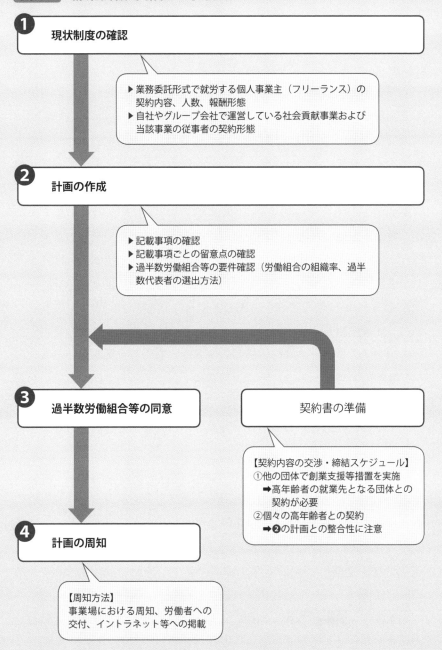

❶　現状制度の確認

- ▶業務委託形式で就労する個人事業主（フリーランス）の契約内容、人数、報酬形態
- ▶自社やグループ会社で運営している社会貢献事業および当該事業の従事者の契約形態

❷　計画の作成

- ▶記載事項の確認
- ▶記載事項ごとの留意点の確認
- ▶過半数労働組合等の要件確認（労働組合の組織率、過半数代表者の選出方法）

❸　過半数労働組合等の同意

契約書の準備

【契約内容の交渉・締結スケジュール】
①他の団体で創業支援等措置を実施
　➡高年齢者の就業先となる団体との契約が必要
②個々の高年齢者との契約
　➡❷の計画との整合性に注意

❹　計画の周知

【周知方法】
事業場における周知、労働者への交付、イントラネット等への掲載

Q77 労働者派遣における期間制限（3年）の注意点は？

派遣先事業所単位では延長手続きがあるが、派遣労働者個人単位にはない。派遣先は労働契約の申込みみなし制度に注意

　労働者派遣では派遣先事業所単位の期間制限と派遣労働者個人単位の期間制限があり、両方とも3年間である（例外は　**図91**　の下段参照）。

　派遣先事業所単位の期間制限では、派遣先の事業所の過半数労働組合等から意見を聴くことで3年を超えた受け入れが可能な延長手続きが設けられているが、派遣労働者単位の期間制限では延長手続きはない。

　期間制限の内容や検討手順は　**図91**　および　**図92**　のとおりであるが、労働者派遣法は同法や施行規則に加え、指針でも派遣元と派遣先に分けて規制があり、規制内容が複雑である。法令上の規制内容は労働者派遣事業関係業務取扱要領（業務取扱要領）や厚生労働省のQ＆A（「平成27年9月30日施行の改正労働者派遣法に関するQ＆A」）でも確認できる。法規制以外にも、派遣元と派遣先との間で締結された労働者派遣契約や派遣労働者との間の労働契約を確認する必要がある。

　期間制限のカウントは、派遣先事業所において新たに期間制限の対象となる派遣労働者を受け入れた日から起算されるので、期間制限の起算日・抵触日は派遣先から派遣元（派遣会社）に対して送付される抵触日通知で内容を確認する。

　「派遣先事業所単位の期間制限」では、期間制限の抵触日の1カ月前までの間（意見聴取期間）に「派遣先の過半数労働組合または過半数代表者（過半数労働組合等）」からの意見聴取が必要になる。派遣先は、過半数労働組合等から異議が出たときは、抵触日の前日までに①派遣可能期間の延長理由と延長期間、②異議への対応方針を説明する必要がある。延長後は、新たな抵触日を派遣元に速やかに通知する。

　派遣先は、　**図93**　の労働契約申込みみなし制度により派遣労働者を直接雇用することになるリスクにも注意が必要である。

図90　労働者派遣の流れ

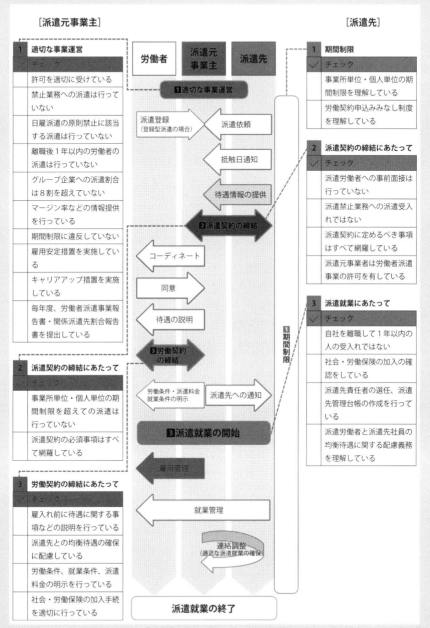

［派遣元事業主］

1　適切な事業運営

✓	チェック
	許可を適切に受けている
	禁止業務への派遣は行っていない
	日雇派遣の原則禁止に該当する派遣は行っていない
	離職後1年以内の労働者の派遣は行っていない
	グループ企業への派遣割合は8割を超えていない
	マージン率などの情報提供を行っている
	期間制限に違反していない
	雇用安定措置を実施している
	キャリアアップ措置を実施している
	毎年度、労働者派遣事業報告書・関係派遣先割合報告書を提出している

2　派遣契約の締結にあたって

✓	チェック
	事業所単位・個人単位の期間制限を超えての派遣は行っていない
	派遣契約の必須事項はすべて網羅している

3　労働契約の締結にあたって

✓	チェック
	雇入れ前に待遇に関する事項などの説明を行っている
	派遣先との均衡待遇の確保に配慮している
	労働条件、就業条件、派遣料金の明示を行っている
	社会・労働保険の加入手続を適切に行っている

労働者　派遣元事業主　派遣先

❶適切な事業運営

派遣登録（登録型派遣の場合）　←　派遣依頼

抵触日通知

待遇情報の提供

❷派遣契約の締結

コーディネート

同意

待遇の説明

❸労働契約の締結

労働条件・派遣料金就業条件の明示　→　派遣先への通知

❸派遣就業の開始

雇用管理

就業管理

連絡調整（適正な派遣就業の確保）

派遣就業の終了

1 期間制限

［派遣先］

1　期間制限

✓	チェック
	事業所単位・個人単位の期間制限を理解している
	労働契約申込みみなし制度を理解している

2　派遣契約の締結にあたって

✓	チェック
	派遣労働者への事前面接は行っていない
	派遣禁止業務への派遣受入れではない
	派遣契約に定めるべき事項はすべて網羅している
	派遣元事業者は労働者派遣事業の許可を有している

3　派遣就業にあたって

✓	チェック
	自社を離職して1年以内の人の受入れではない
	社会・労働保険の加入の確認をしている
	派遣先責任者の選任、派遣先管理台帳の作成を行っている
	派遣労働者と派遣先社員の均衡待遇に関する配慮義務を理解している

資料出所：厚生労働省リーフレット「派遣元事業主の皆さまへ　労働者派遣を行う際の主なポイント」と「派遣先の皆さまへ　派遣社員を受け入れるときの主なポイント」の図表を筆者が合体させたもの

図91　労働者派遣の期間制限の検討手順

【労働者派遣法における期間制限の内容確認】
❶事業所単位の期間制限・延長手続き
❷個人単位の期間制限
❸上記❶❷の例外（無期雇用労働者、60歳以上の労働者派遣等）

抵触日通知の内容・抵触日の確認

個人単位の期間制限
では、派遣労働者の
変更が必要

【事業所単位の期間延長】（派遣先）
～過半数労働組合等への意見聴取手続きの確認～
❶過半数労働組合／過半数代表者の確認
❷過半数労働組合等への通知事項の検討

過半数労働組合等か
らの異議があった場
合を踏まえたスケ
ジュール設定

【延長後の対応】（派遣先）
❶派遣元（派遣会社）へ新たな抵触日を通知
❷延長前の派遣可能期間の終了後3年まで書類保管

【期間制限の対象外】
①派遣元事業主に無期雇用されている派遣労働者
②60歳以上の派遣労働者
③終期が明確な有期プロジェクト業務
④日数限定業務（1カ月の勤務日数が通常の労働者の半分以下かつ10日以下で
　あるもの）
⑤産前産後休業、育児休業、介護休業等を取得する労働者の業務

図92 派遣労働者の「個人単位」の期間制限

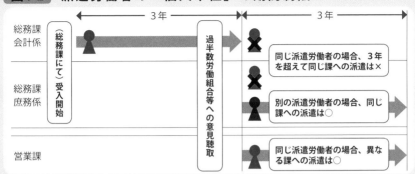

資料出所：厚生労働省リーフレット「平成27年労働者派遣法改正法施行から3年を迎えるにあたっての確認事項【派遣先の皆様へ】」

図93 労働契約申込みみなし制度の概要

■派遣労働とみなし制度のイメージ図

違法派遣によりみなし制度が適用されると…

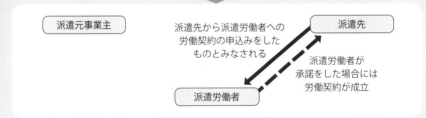

労働契約申込みみなし制度の対象となる違法派遣の5つの類型
①派遣労働者を禁止業務に従事させること
②無許可事業主から労働者派遣の役務の提供を受けること
③事業所単位の期間制限に違反して労働者派遣を受けること※1
④個人単位の期間制限に違反して労働者派遣を受けること
⑤いわゆる偽装請負等※2
※1　労働者派遣法第40条の2第4項に規定する意見聴取の手続のうち、厚生労働省令で定める手続が
　　行われないことにより、派遣可能期間を超える期間継続して労働者派遣を受ける場合を除く。
※2　労働者派遣法等の規定の適用を免れる目的で、請負やその他労働者派遣以外の名目で契約を締結し、
　　必要とされる事項を定めずに労働者派遣を受けることをいう。

資料出所：厚生労働省リーフレット「労働契約申込みみなし制度の概要」

Q78 派遣労働者を巡るトラブルの対応方法は？

労働者派遣法や指針、業務取扱要領に加え、派遣契約書（基本契約書や個別契約書）も確認する。派遣労働者の問題行為については対応方法や責任負担を派遣契約に規定することも多い

派遣先の企業（以下、派遣先）と派遣労働者との間には労働契約関係はないが、派遣先は①派遣労働者に対する損害賠償責任、②派遣労働者の問題行為による第三者に対する損害賠償責任が問題になることがある点に留意する。

①の例としては、派遣先社員が派遣労働者に対してハラスメントを行った場合に、当該派遣労働者が派遣先社員の「雇用主」として派遣先に対し、使用者責任（民法715条）に基づく損害賠償請求をする場合がある。また、裁判例では、派遣先が行った派遣契約の中途解約について派遣労働者に対する不法行為責任を認めたものがある（三菱電機ほか事件　名古屋高裁　平25.1.25判決）。

②の例としては、派遣労働者が派遣先の業務遂行において第三者に対する不法行為を行った場合に、派遣労働者の「使用者」として民法715条の使用者責任を負う場合がある。この場合、派遣先から派遣元（派遣会社）に対する損害賠償責任も問題となり、法的根拠としては、派遣労働者の雇用主としての使用者責任（民法715条）や派遣労働者の適切な選任・教育等の懈怠（けたい）を理由とする債務不履行責任がある。対応方法は事案によるが、 **図94** で一般的な対応例を挙げた。

派遣労働者が問題行為をした場合の責任関係は、派遣先と派遣元との間の派遣契約書で規定されていることも多い。損害賠償責任以外にも、教育・研修の役割分担、トラブル発生時の報告・協力義務等も派遣契約書に記載されていることがある。実際のトラブル対応では、❶労働者派遣法や裁判例等の法律問題、❷派遣先と派遣元との間の派遣契約の内容、❸派遣先と派遣元との関係性（ビジネス上のパワーバランス等）も踏まえて役割分担や責任配分を協議することになる。

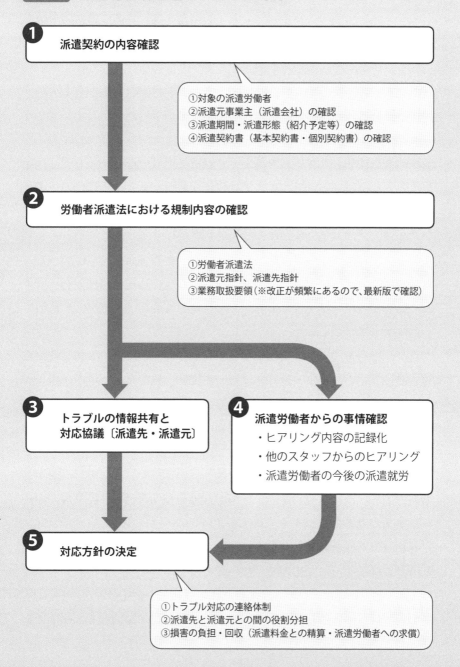

図94 派遣労働者を巡るトラブル対応

❶ 派遣契約の内容確認

①対象の派遣労働者
②派遣元事業主（派遣会社）の確認
③派遣期間・派遣形態（紹介予定等）の確認
④派遣契約書（基本契約書・個別契約書）の確認

❷ 労働者派遣法における規制内容の確認

①労働者派遣法
②派遣元指針、派遣先指針
③業務取扱要領（※改正が頻繁にあるので、最新版で確認）

**❸ トラブルの情報共有と
　　対応協議〔派遣先・派遣元〕**

❹ 派遣労働者からの事情確認
・ヒアリング内容の記録化
・他のスタッフからのヒアリング
・派遣労働者の今後の派遣就労

❺ 対応方針の決定

①トラブル対応の連絡体制
②派遣先と派遣元との間の役割分担
③損害の負担・回収（派遣料金との精算・派遣労働者への求償）

Q79 同一労働同一賃金（パート・有期法）の対応手順は？

同一労働同一賃金（パート・有期法8条、9条）の対応では、自社制度の分析が重要である。待遇差の比較では、就業規則等にある規定の整理が必須である

　パート・有期法では、自社が雇用するパート労働者および有期契約労働者と正社員（通常の労働者）との間の不合理な待遇差を禁止しており（同法8条、9条）、これが「同一労働同一賃金」と呼ばれる規制である。労働者派遣法でも上記規制を踏まえ、派遣労働者の待遇決定方式には新たなルールが設けられた。ここでは自社が雇用する非正規社員の待遇差を検討する場合の手順を説明する　**図95**。

　まずは、法律の条文や判例の分析を行う前に「現状確認」を行う必要がある。①労働者の雇用形態と②各種待遇（手当・休暇等）について、就業規則や労働契約書等にある規定を明記した待遇差の整理表を作成する。待遇には相互関連性があるので、特定の待遇だけを抽出して比較するのではミスを招く。

　次に、待遇差の理由の整理を行う。待遇の趣旨を規定や支給要件から読み解いていき、判例・裁判例や同一労働同一賃金ガイドラインの理屈が自社で当てはまるかも確認する。ここで整理した待遇差の理由は、非正規社員側から待遇差の内容・理由の説明を求められた場合でも重要になる（➡Q80）。

　不合理な待遇差に該当する場合には、待遇自体の見直しを行うか否かを検討する。正社員側の手当・休暇の削減を行う場合は、就業規則の不利益変更の問題に注意する。非正規社員側の待遇見直しを行う場合は、待遇相互の関係を意識したシミュレーションに加え、変更時期（契約更新時期に変更するか、更新時期にかかわらず一斉に変更するか）も重要になる。他方、「職務内容」や「人材活用の仕組み」を見直す方法もあり、その場合は「非正規社員に命じないこと」を規定・実態ともに明確化する必要がある。

図95　同一労働同一賃金への検討手順

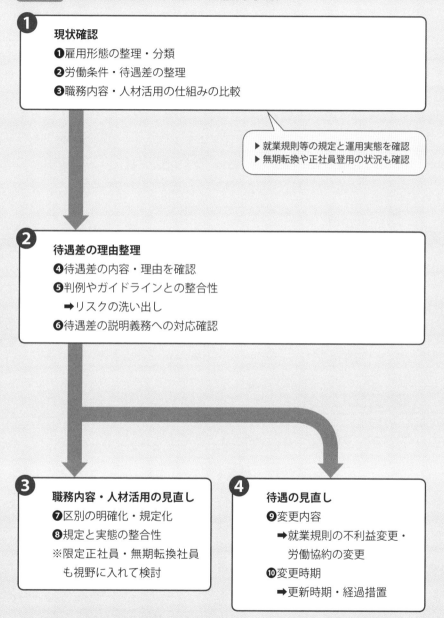

①現状確認

❶雇用形態の整理・分類

❷労働条件・待遇差の整理

❸職務内容・人材活用の仕組みの比較

▶ 就業規則等の規定と運用実態を確認
▶ 無期転換や正社員登用の状況も確認

②待遇差の理由整理

❹待遇差の内容・理由を確認

❺判例やガイドラインとの整合性

➡リスクの洗い出し

❻待遇差の説明義務への対応確認

③職務内容・人材活用の見直し

❼区別の明確化・規定化

❽規定と実態の整合性

※限定正社員・無期転換社員
　も視野に入れて検討

④待遇の見直し

❾変更内容

➡就業規則の不利益変更・
　労働協約の変更

❿変更時期

➡更新時期・経過措置

※定年後再雇用についてはQ87〜88、派遣労働者についてはQ89〜90を参照

Q80 待遇差の説明義務への対応は？

説明内容が裁判等で証拠となる可能性を意識する。説明担当者（部署）や説明方法はあらかじめ社内で決めておく

パート・有期法で待遇差の説明義務が新設され、説明を求めたことを理由とした不利益取り扱いも禁止されている（条文は次ページ下段参照）。説明方法については、指針（事業主が講ずべき短時間労働者及び有期雇用労働者の雇用管理の改善等に関する措置等についての指針）で説明されている。待遇差の説明を求める段階で相当の不満があり、企業側の説明にも納得せず、説明後に裁判紛争に発展することが想定される。そのため、待遇差の説明は、裁判等の証拠になる前提で行う必要がある。

実際の説明では、待遇差の内容（①有無の違いか、程度差か、②制度・規定の違いか、③運用・個別対応の違いか等）と待遇差の理由を、就業規則等の資料に即して説明できるように準備する。検討漏れを防ぐために以下のようなチェックリストを作成するほか、検討事項のイメージ共有のために 図96 のような説明文書のひな型を用意しておくとよい。

①説明を求めている非正規社員は？	□雇用形態、無期転換（労働契約法18条）の予定、代理人や労働組合の関与
②説明担当者、社内決裁の手順は？	□本社人事部や専門家のサポート体制
③説明する日時・方法は？	□業務時間中の場合は賃金の取り扱いが問題 □口頭・資料交付の方法
④説明時に提示する資料は？	□就業規則、給与規程等の提示方法 □比較対象者が個人の場合、プライバシーに注意
⑤説明内容や提示資料の記録方法は？	□説明内容や説明義務の履行を巡る紛争を想定（パート・有期法8条「その他の事情」参照）
⑥説明対象の待遇の内容・趣旨は？	□就業規則や給与規程に基づいて整理
⑦比較対象の「通常の労働者」は？	□企業側で選定（裁判との相違についてはQ81参照）
⑧待遇差の内容は？	□待遇の「有無」「程度（金額・日数差）」「付与要件の違い」等
⑨待遇差の理由を整理	□判例・裁判例や同一労働同一賃金ガイドラインも参照
⑩不利益取り扱い禁止に注意	□雇止め（契約不更新）や懲戒処分等の場面で問題

図96 待遇差の説明文書（ひな型）

❶〜⓬の説明は次ページ参照

_____ 殿 ❶

年　　　月　　　日

総務部長 ❷　　　　❸

○年○月○日にあなたから要請があった○○の待遇について、あなたと正社員との待遇の違いの有無と内容、理由は以下のとおりです。ご不明な点は「相談窓口」までお尋ねください。

1　比較対象となる正社員 ❹

比較対象となる正社員の選定理由 ❺

2　待遇の違いの有無とその内容、理由

| 基本給 | 正社員との待遇の違いの有無と、ある場合はその内容 ❻❼　　ある　ない |
| | 待遇に違いがある場合 ❽ |

賞与	待遇の目的 ❾
	正社員との待遇の違いの有無と、ある場合はその内容 ❿　　ある　ない
	待遇に違いがある場合

手当 ⓫	待遇の目的
	正社員との待遇の違いの有無と、ある場合はその内容　　ある　ない
	待遇に違いがある場合

以上のとおり説明しました（説明に当たって提示した資料は以下のとおり）。⓬
　　　［①　　　　　　　　　　　　　　　　　　　　　］
　　　［②　　　　　　　　　　　　　　　　　　　　　］

上記のとおり説明を受けました。［署名　　　　　　　　　　］

パート・有期法14条（事業主が講ずる措置の内容等の説明）

1　〈略〉

2　事業主は、その雇用する短時間・有期雇用労働者から求めがあったときは、当該短時間・有期雇用労働者と通常の労働者との間の待遇の相違の内容及び理由並びに第6条から前条までの規定により措置を講ずべきこととされている事項に関する決定をするに当たって考慮した事項について、当該短時間・有期雇用労働者に説明しなければならない。

3　事業主は、短時間・有期雇用労働者が前項の求めをしたことを理由として、当該短時間・有期雇用労働者に対して解雇その他不利益な取扱いをしてはならない。

■説明時の注意点 （前ページの丸数字に対応）

❶	勤務年数・無期転換予定・過去の登用試験の受験履歴等を確認
❷	説明担当者・部署を決めておく
❸	説明の前提として、説明を求める待遇差の内容を確認する（他人が説明を求める場合は代理関係を確認）
❹	勤務地限定・職種限定正社員や定年後再雇用者の説明では要注意 ➡「比較対象社員」によって、待遇差の内容・理由が異なるケースあり
❺	「職務の内容」の説明では①業務の内容と②責任の程度を分けること ➡「職務の内容が同じ」はリスクあり（社内の職務分掌や権限表を確認）
❻	正社員の基本給について賃金表等の支給基準がない場合は平均額・上限〜下限を説明
❼	「職務の内容」に加えて「人材活用の仕組み」も追加 ➡定年後再雇用や労使交渉、正社員登用などの「その他の事情」（パート・有期法8条）も検討
❽	正社員の手当分が非正規社員の「基本給」や「昇給」で考慮されている場合あり ➡非正規社員間の基本給差も要確認（事業場・部署ごとに異なるケースあり）
❾	待遇差およびその理由を踏まえて記載する必要あり。「長期雇用……」の場合は無期転換社員・限定正社員との関係も注意。判例・裁判例の判示を参考にする場合は、裁判の事案と自社制度の相違に注意
❿	人事評価（査定）を行っていても、正社員とは評価の対象や程度が異なる場合がある点に注意 ➡評価対象の違いや反映方法を規定等で明確化しておく。賞与の支給根拠となる規定とも整合させる
⓫	① 不合理と判断されるリスクが高い手当（待遇）は早期に改定 ②〔下級審（高裁・地裁）で不合理性を否定する要素〕が最高裁で否定されるリスクに注意 ➡不合理性を否定する要素は「自社の制度（事情）」に則して整理する
⓬	説明した内容や閲覧資料を明記する ➡不十分な説明が「その他の事情」として考慮されるリスクあり

非正規社員を巡る諸問題
（同一労働同一賃金・待遇設定）

第 9 章

　社員の待遇設定では、同一労働同一賃金（均衡待遇・均等待遇）の視点が必須となった。非正規社員の待遇設定の場面ではもちろんのこと、正社員の待遇変更や新たな人事制度でも、非正規社員との待遇差を常に視野に入れなければならない。

　待遇の趣旨と待遇相互の関連性を意識することが重要である。

Q81 正社員と非正規社員の待遇差の整理方法は？

雇用形態は「法律」と「社内規則（制度）」の双方から整理する。
限定正社員や無期転換社員・定年後再雇用者も含めて検討する

　同一労働同一賃金（均衡待遇・均等待遇）に関する法規制に対応するためには、まずは、社内における雇用区分を整理する必要がある。具体的には、①労働契約の期間、②所定労働時間、③雇用主で区別する。

　①には労働契約法18条の無期転換社員や、勤務地や職種が制限された限定正社員も含める。有期契約労働者の場合は、無期転換の想定人数を把握するために更新の回数・期間も整理する。②では社内の呼称だけでなく、就業規則や労働契約書に規定された労働日・労働時間を確認する。③は、自社が雇用していない派遣社員との区別を意識する（派遣社員についてはQ89、Q90参照）。

　図97 を参考に、以上の整理を行った上で、雇用区分ごとに職務内容や人材活用の仕組みについて❶職務内容の範囲（限定）、❷役職・適用される賃金制度、❸職務内容・勤務地の変更範囲、❹出向・転籍の有無等を就業規則等の根拠規定と併せて整理する。

　上記の整理では「通常の労働者」の概念に注意する。

　待遇差の不合理性を理由とする裁判では、比較対象とする「通常の労働者」（パート・有期法8条、9条）の範囲は、待遇差の不合理性を主張する非正規社員側が選定する。他方、待遇差の説明（同法14条2項）で比較対象とする「通常の労働者」は企業側が選定する（パート・有期指針「第3の2(1)」）。このように、通常の労働者の範囲は、裁判では非正規社員側、待遇差の説明では企業側が選定することになるので、場面によって「通常の労働者」の範囲が異なり得る。

　無期転換社員については、待遇差を問題にする主体となる場面もあれば、「通常の労働者」として待遇差の比較対象とされる場面もある。最初から取捨選択せずに、まずは網羅的に整理するのが適切である。

196

図97　雇用形態の分類・整理の手順

労働契約を締結しているか？

①役員、個人事業主との区別
②派遣社員については労働者
　派遣法の規制あり
➡派遣元（派遣会社）内部
　においてパート・有期法
　も適用あり（Q89、Q90
　参照）

締結している

契約期間は有期であるか？

期間なし（無期）　　　　　　期間あり（有期）

❶正社員（総合職・一般職）
❷限定正社員
❸無期転換社員

有期契約労働者

所定労働時間が短い場合は「短時間労
働者」に該当（❷の一類型）

①所定労働時間が短い場合は「短時間
　労働者」にも該当
②定年後再雇用者も規制対象

均衡待遇・均等待遇の規制（パート・有期法8条、9条）

パート・有期法8条は、短時間労働者（パートタイマー）や有期契約社員
と正社員（通常の労働者）との不合理な待遇差を禁止する「均衡待遇」の
規制であり、不合理性の判断要素として、①職務内容、②人材活用の仕組
み、③その他の事情を挙げている。他方、同法9条は、①職務内容と②人
材活用の仕組みが同一の場合に、短時間・有期雇用であることを理由とし
た待遇差を差別的取り扱いとして原則禁止（違法）としており、これが「均
等待遇」の規制である。

多くの裁判で争われているのは均衡待遇（改正前労働契約法20条）の事
案である。分かりやすいフレーズとして「同一労働同一賃金」と呼ぶこと
もあるが、正社員との待遇差を本格的に議論する際には、均衡待遇と均等
待遇の区別が必須である。

Q82
待遇差の整理表を作成する場合の注意点は？

待遇差の整理では、雇用類型ごとに待遇を整理した図表（待遇差の整理表）を作成する。手当や休暇は内容だけでなく、待遇の趣旨（当該待遇を設けた理由・経緯）が重要である

Q81で雇用形態を整理した後は、雇用形態ごとの待遇内容を比較し、待遇差を整理した図表（待遇差の整理表）を作成する。

視点は 図98 で整理したが、待遇の趣旨が重要である。努力手当や特別休暇のように、名称だけでは趣旨が不明な待遇がある。「住宅手当」でも転居を伴う配転による住宅費増加への補塡と本人や同居家族の生活補助では趣旨が異なるので、待遇差の理由も変わってくる。

待遇相互の関連性も重要である。労働時間・労働日の設定方法は賃金支給や控除方法に関わり、手当は割増賃金や賞与等の計算に影響する。休暇・休職は対象期間中の賃金のほか出勤率算定にも影響する。

待遇差を整理した後は、待遇差の理由を検討する。いきなり、同一労働同一賃金ガイドラインや判例・裁判例の説明、書籍等にある待遇差の理由を当てはめるべきではない。自社制度との整合性を慎重に確認し、自社に当てはまる説明なのかを慎重に検討すべきである。

他の雇用類型や他の待遇との関係性を意識することも重要であり、賃金体系の全体像（基本給と各種手当、割増賃金や賞与等への影響）や勤務形態（労働日、休日・休暇、休職の関係）の整理も必要になる。

例えば「転勤が想定される正社員に住宅手当を支給」との説明は、勤務地限定正社員に住宅手当を支給している場合には妥当しない。「長期雇用の社員に付与する待遇」との整理は、限定正社員や無期転換社員でも整合的に説明できるかを確認する。「定年退職後は担当職務に応じた職務給になる」との説明も、「定年退職時の基本給の６割相当を再雇用社員の基本給とする」との規定にはマッチしない。「家族手当は基本給の趣旨（一部）」との説明も、基本給昇給要素や割増賃金の基礎単価（基準内賃金）の算定方法と整合するかを考える必要がある。

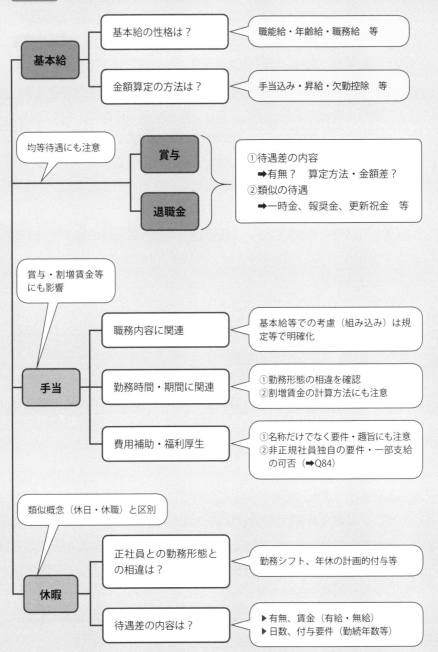

図98 待遇差検討の鳥瞰図（ちょうかん）

基本給
- 基本給の性格は？ ← 職能給・年齢給・職務給　等
- 金額算定の方法は？ ← 手当込み・昇給・欠勤控除　等

均等待遇にも注意

賞与
退職金
- ①待遇差の内容
  ➡有無？　算定方法・金額差？
- ②類似の待遇
  ➡一時金、報奨金、更新祝金　等

賞与・割増賃金等にも影響

手当
- 職務内容に関連 ← 基本給等での考慮（組み込み）は規定等で明確化
- 勤務時間・期間に関連 ← ①勤務形態の相違を確認　②割増賃金の計算方法にも注意
- 費用補助・福利厚生 ← ①名称だけでなく要件・趣旨にも注意　②非正規社員独自の要件・一部支給の可否（➡Q84）

類似概念（休日・休職）と区別

休暇
- 正社員との勤務形態との相違は？ ← 勤務シフト、年休の計画的付与等
- 待遇差の内容は？ ← ▶有無、賃金（有給・無給）　▶日数、付与要件（勤続年数等）

Q83 基本給・賞与・退職金における待遇差の検討は？

正社員と非正規社員の賃金体系（基本給の決定方法・昇給基準）を区別する。基本給設定で「手当分込み」の場合は規定で明確化する。賞与・退職金は均等待遇の観点でも検討する

　基本給の趣旨は「金額設定の方法」「昇給の要素・方法」を確認する。同一労働同一賃金ガイドラインにおける基本給の具体例は、基本給の決定基準・要素が共通する場合の説明である点に注意する（異なる場合は同一労働同一賃金ガイドラインの注で説明されている）。

　基本給と手当の関係では、①基本給に「込み」といえる金額設定なのか、②「込み」といえる規定なのかを確認する。

　賞与・退職金の不支給について最高裁（大阪医科薬科大学事件、メトロコマース事件）は、均衡待遇（当時の労働契約法20条）違反を否定し、賞与・退職金の要素を分解した上で正社員と非正規社員で共通する範囲で待遇差を不合理とする判断手法もとっていない。もっとも、上記2事件の最高裁判決は、正社員を長期雇用の中で職務遂行能力の向上を図る人事システムにおける均衡待遇違反が争われた事案である。職務内容と人材活用の仕組みが同一で均等待遇（パート・有期法9条）の要件を満たせば、待遇差は原則違法となる。そのため、今後は均等待遇の観点から争われる可能性を視野に入れ、正社員と非正規社員との間の職務内容や配転範囲の区別が重要になる。

　検討の手順は **図99** を参照されたい。賞与や退職金の名称でなくとも、正社員に一定の勤続年数等を要件に支給される報奨金や慰労金等について、非正規社員との待遇差が問題とされる可能性もある。非正規社員に賞与や退職金を支給している場合でも、正社員との金額差・算定方法の違いが争われる可能性もある。

　給与規程や退職金規程で趣旨を限定的に規定したり、支給方法が一律・固定的だと、賞与や退職金に多様な趣旨を含むとの説明が困難になるので、規定と運用をチェックする。

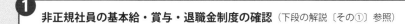

図99　基本給・賞与・退職金に関する待遇差の検討手順

❶　非正規社員の基本給・賞与・退職金制度の確認（下段の解説〔その①〕参照）

❶基本給の決定基準・要素（他の非正規社員との金額差）
❷基本給の変更（昇給・降給）の要素
❸賞与・退職金の有無

❷　正社員の基本給・賞与・退職金制度との比較

❹他の待遇との関連性
❺職務内容・人材活用の仕組みとの関連性
❻無期転換社員・限定正社員とも比較

❸　待遇差の理由整理（203ページの解説〔その②〕参照）

❹　変更理由の明確化
❼人事制度との関連性
❽無期転換社員・限定正
　社員との関連性

❺　待遇見直し
❾手当との関連性を明確化
❿賞与・退職金の一部支給
　➡金額差の理由も整理

- **大阪医科薬科大学事件**（最高裁三小　令2.10.13判決）：賞与を巡る待遇差（アルバイト職員に不支給）を不合理ではないとした
- **メトロコマース事件**（最高裁三小　令2.10.13判決）：退職金を巡る待遇差（有期契約社員に不支給）を不合理ではないとした

待遇差検討時の留意点～その①～

就業規則や労働契約書を検討する際、本社保管のひな型だけでは不十分である。ひな型では非正規社員の職務内容や配転範囲を限定していても、現場判断で非正規社員の業務内容に「その他、会社が命じた一切の業務」と規定されたり、非正規社員に出向・転籍を命じる規定が追加されていることもあるからである。非正規社員から待遇差の説明を求められた場合でも、本社作成の説明例をそのまま使うのではなく、現場の規定・運用と整合しているかを確認する必要がある。

Q84 各種手当における待遇差の検討は？

給与規程の支給要件や他待遇との関連性から「手当の趣旨」を
正確に把握する。金額差・算定方法の違いにも注意する

　不合理な待遇差であるか否かは待遇ごとに問題となるので、手当の趣旨が重要となる。手当の趣旨としては、①職務内容、②勤務シフト、③勤務場所と配転範囲、④個人ごとの事情に分けることができる。

　①②が同じであれば、基本給に組み込まれているかがポイントになる。③については労働者の住居や生活費に関わり、④は勤続年数や個人のライフスタイルに関わる。

　手当の類型ごとに裁判所の判断枠組みが異なるため、手当の趣旨を給与規程等にある支給要件や金額設定を見て整理する。

　判例・裁判例の状況を概括的に述べておくと、①の職務内容に関連する手当（作業手当など）は、同一職務なら同一支給が原則となる。②の勤務時間・期間に関連する手当（時間外割増など）も、同一勤務形態なら同一支給が原則となる。もっとも、非正規社員の基本給に手当分が含まれていれば許容される場合があるので、手当は基本給とセットで検討する。業務との関連性が希薄な③④の手当（住居手当や家族手当など）は企業ごとの差が大きい。支給理由を待遇の趣旨から検討するほか、手当の支給要件や割増賃金との関係性（割増賃金算定の除外賃金に該当するか否か）も確認する。

　支給の有無だけでなく金額差・計算方法の違いも問題となり、通勤手当や割増賃金の計算方法については、非正規社員に不利な金額差（算定方法の違い）を不合理とした裁判例がある。

　検討手順は **図100** を参照されたい。

　家族手当の金額差や非正規社員独自の要件（勤続年数や勤務日数等）に関しては、最高裁の判断が示されていないのが現状であるが、筆者は著しい金額差や過重な要件でなければ許容されると考える。

図100　各種手当に関する待遇差の検討手順

❶　正社員に支給される手当の趣旨を確認

【給与規程の支給要件・過去の労使交渉を確認】
❶職務内容に関連する手当
❷勤務日・勤務時間に関連する手当
❸生活保障・福利厚生的な手当

❷　非正規社員の労働条件を確認

❹待遇差は「支給の有無？」「金額差？」
❺手当支給の趣旨が妥当であるか？
❻基本給等の他待遇に含まれていないか？

❸　待遇差の理由整理

❹　変更理由の明確化
❼基本給等に組み込み
❽職務内容・配転範囲
　の明確化

❺　待遇見直し
❾他社員への影響
　（無期転換等）
❿割増賃金等への影響

待遇差検討時の留意点～その②～

非正規社員相互の待遇差も重要である。一部の有期契約労働者に賞与を支給していれば「正社員に特有の待遇」「正社員独自の制度」とはいえなくなる。有期契約労働者の基本給に「手当」が組み込まれていれば、有期契約労働者相互で「手当の組み込みの有無」によって金額差が生じているはずである。

なお、パート・有期法における均衡待遇や均等待遇の規制は、企業間の待遇差には及ばず、親子会社間やグループ会社間のような雇用主が異なる社員間の待遇差も規制の対象外である。

Q85 各種休暇における待遇差の検討は？

休日・休職との相違に留意し、「休暇の趣旨」や休暇中の賃金、出勤率算定等の取り扱いを確認する。一部付与も選択肢として検討する

　休暇を巡る待遇差は、類似概念（休日、休職・休業）との区別や相互の関連性を意識する。休暇中の賃金や出勤率の取り扱いも確認する。

　日本郵便の3（東京・大阪・佐賀）事件（最高裁一小　令2.10.15判決）における最高裁判決は、非正規社員が基幹業務に取り込まれて長期間更新することが想定されていた事案であり、射程範囲は今後の裁判例を注視する必要がある。休暇日数や付与要件の相違に関しても、裁判所の判断枠組みが不明な部分である。

　筆者は、休暇を巡る待遇差の検討要素として、①非正規社員の契約期間・契約更新の状況、②就業規則等で定められた所定労働日や所定労働時間、③勤務シフト（勤務日・休日）の変更による対応の困難性、④時間外労働・休日労働の有無や想定頻度、⑤計画年休の適用等に関する相違が重要と考える。検討手順は **図101** を参照されたい。

　④⑤では、正社員の休日労働や計画年休の日数が非正規社員よりも多ければ、正社員が自由利用できる休日や休暇が減ることから、その点を考慮して正社員のみに休暇を付与したり、正社員との間で日数差があることは不合理とまではいえないと考える。正社員は勤務日・勤務時間が就業規則等で一律に決まっているのが一般的であるため勤務日の変更・休日の振替が困難なことがあるし、時間外労働や休日労働が想定される正社員には、長期休暇を付与する必要性が非正規社員と比べて高いケースもある。採用圏が広く、全国転勤が想定される正社員は、慶弔時の移動日数が非正規社員よりも多くなることも想定される。

　もっとも、慶弔休暇や災害休暇は発生・利用の頻度は低いものの、慶弔事由の発生や災害時で休暇の差異が明確化されると、正社員との差別感や職場内の不満につながりやすい点に注意を要する。

図101　各種休暇に関する待遇差の検討手順

❶ 正社員に支給される休暇の趣旨を確認

【就業規則の付与要件・過去の労使交渉を確認】
❶職務内容に関連する休暇
❷勤務形態に関連する休暇
❸福利厚生的な休暇

❷ 非正規社員の労働条件を確認

❹待遇差は「休暇の有無？」「日数？」「賃金（有給）？」
❺休暇付与の趣旨が妥当であるか？
❻他待遇（特別手当等）による代替措置は？

❸ 待遇差の理由整理

※休暇の有無、賃金の取り扱い（有給・無給）、日数・要件の相違等

❹ 変更理由の明確化
❼勤務形態の区別
❽職務内容・配転範囲の明確化

❺ 待遇見直し
❾見直しの部分（※）
❿人件費の見直し（休暇・代替要員）

属人的な手当・休暇の取り扱い

家族手当（配偶者手当・子供手当等）や出産・育児等に関する法定外の休暇について、正社員と非正規社員を同額・同日数にすることを求めれば、非正規社員の採用現場で、家族を有する者や女性の雇用が抑制される可能性もある。属人的な手当や休暇については、Q84で述べたとおり、一部付与や非正規社員独自の要件付与も検討していくべきだろう。

Q86 無期転換社員の待遇はどうやって設定するか？

無期転換前に「不合理な待遇差」がある場合は、有期契約労働者とともに待遇差を見直す。無期転換時に待遇がアップする場合は職務内容や人材活用の仕組みも見直す

　無期転換社員がフルタイム勤務の場合、①パート社員（短時間労働者）でも、②有期契約労働者でもないので、パート・有期法は適用されず、通常の正社員や地域限定正社員との待遇差があっても同法8条および9条の均衡待遇・均等待遇（同一労働同一賃金）の問題にはならない。

　もっとも無期転換社員の待遇設定では、以下の点に注意を要する。

①無期転換社員に正社員用の就業規則が適用されないようにするため、無期転換社員用の就業規則（無期転換社員用就業規則）と正社員用の就業規則を分けて作成する

②無期転換前後で待遇（労働条件）を変更しない場合は、「無期転換前の有期契約労働者」に「正社員との不合理な待遇差」がないことが必要になる

③無期転換時に待遇（労働条件）がアップする場合は、無期転換社員を「通常の労働者」とし、無期転換前の有期契約労働者との間で均衡待遇・均等待遇（パート・有期法8条、9条）が問題になる

　②に関する以下の説明は、 図102 を参照しながら確認されたい。

　まず、有期契約労働者に「正社員との不合理な待遇差」がある場合、有期契約労働者だけに「不合理な待遇差」の部分の改定（手当追加等の待遇アップ）をすれば、無期転換によって有期契約時（無期転換前）より待遇が下がる結果になる。そこで、無期転換社員用の就業規則の合理性（労働契約法7条）の観点から無期転換社員の待遇設定が問題となる（ハマキョウレックス事件　大阪地裁　令2.11.25判決、井関松山製造所事件　高松高裁　令元.7.8判決、井関松山ファクトリー事件　高松高裁　令元.7.8判決）。

　③については、無期転換社員と有期契約労働者との間の待遇差が問題となり、職務内容や人材活用の仕組みに相違を設けておく必要がある。この点は 図103 とQ73を併せて確認されたい。

図102 無期転換社員の待遇設定

■無期転換時に無期転換前と同じ待遇

無期転換前（有期契約労働者の時点）で「不合理な待遇差」がある
部分（❶）は、無期転換社員となった場合でも待遇見直しが必要

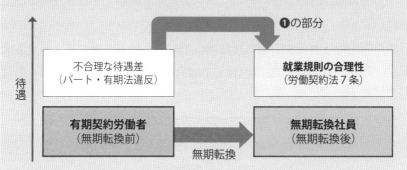

❶の部分

| 不合理な待遇差
（パート・有期法違反） | → | 就業規則の合理性
（労働契約法7条） |

待遇

| 有期契約労働者
（無期転換前） | → 無期転換 | 無期転換社員
（無期転換後） |

フルタイムの無期転換社員では、パート・有期法8条、9条による保護はない。
しかし、無期転換後の就業規則の合理性（労働契約法7条）が問題とされるリ
スクがある。無期転換によって「不合理な待遇差」がすべて解消されるわけで
はない点に注意。

図103 無期転換前の社員との待遇差

■無期転換時に待遇が向上する場合

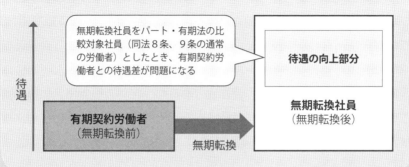

無期転換社員をパート・有期法の比
較対象社員（同法8条、9条の通常
の労働者）としたとき、有期契約労
働者との待遇差が問題になる

待遇の向上部分

待遇

| 有期契約労働者
（無期転換前） | → 無期転換 | 無期転換社員
（無期転換後） |

Q87　定年後再雇用者の待遇はどうやって設定するか？

高年齢者雇用安定法、同一労働同一賃金（均衡待遇・均等待遇）、無期転換制度の適用場面と規制内容の違いを意識した待遇改定が必要

　定年後再雇用者の賃金を定年前から何割まで減額できるかを抽象的に議論せず、担当職務や勤務時間等の違いが重要である。年金等の公的給付の金額や他社の状況、定年退職時の年収や再雇用時の副業等の属人的事情に基づく賃金設定は、自社の担当職務に応じた賃金というコンセプトからは離れる。

　長澤運輸事件の最高裁判決は、職務内容および人材活用の仕組みが同じで、再雇用時の年収が定年退職時の79％（21％減）であった事案であり、定年後再雇用である点を「その他の事情」（労働契約法20条・現在のパート・有期法8条）として考慮した上で、一部の手当のみを不合理な待遇差と判断した。他方、名古屋自動車学校事件（名古屋地裁　令2.10.28判決）は、職務内容および人材活用の仕組みが同じ事案で、基本給の6割を下回る限度で不合理と判断したが、定年退職後の基本給が月額7万〜8万円であり、かかる絶対額の低さが重視されたケースと位置づけるべきだろう。

　高年齢者雇用安定法の継続雇用制度は、定年退職者の希望に合致した労働条件での雇用を義務づけるものではないが（「高年齢者雇用安定法Q&A」（高年齢者雇用確保措置関係）Q1-9）、大幅な賃金減額や定年退職前からは想定されない職務内容を提示された事案で損害賠償請求を認めた裁判例（九州惣菜事件　福岡高裁　平29.9.7判決、トヨタ自動車事件　名古屋高裁　平28.9.28判決）がある。いずれも再雇用契約自体が締結されず、事案としての特殊性もあるが、定年後再雇用者に提示する業務内容や労働条件の提案段階で視野に入れておく。

　再雇用を巡る紛争場面は　**図104**　、関連法規は　**図105**　を参照されたい。

図104　定年後再雇用を巡る争点の相関図

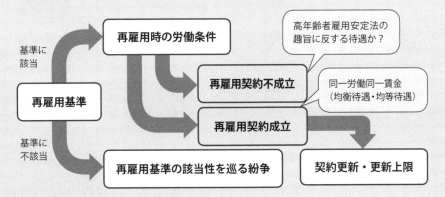

図105　定年後再雇用に関する法規

法規制	60歳から65歳までの制度（現行制度）	65歳から70歳までの制度（改正法）	再雇用形態が有期労働契約であることによる規制
対象制度	高年齢者雇用確保措置	高年齢者就業確保措置	無期転換制度①② 同一労働同一賃金③④
参照すべき法令等	①高年齢者雇用確保措置の実施及び運用に関する指針（平24.11.9　厚労告560） ②高年齢者等の雇用の安定等に関する法律の一部を改正する法律等の施行について（平24.11.9　職発1109第2） ③高年齢者雇用安定法Q&A（高年齢者雇用確保措置関係）	①「高年齢者就業確保措置の実施及び運用に関する指針」（令2.10.30　厚労告351） ②高年齢者等の雇用の安定等に関する法律施行規則の一部を改正する省令等の公布等について（令2.10.30職発1030第14） ③高年齢者雇用安定法Q&A（高年齢者就業確保措置関係）	①労働契約法18条、有期雇用特別措置法（専門的知識等を有する有期雇用労働者等に関する特別措置法） ②労働契約法の施行通達（「労働契約法の施行について」平24.8.10基発0810第2） ③パート・有期法（短時間労働者及び有期雇用労働者の雇用管理の改善等に関する法律） ④同一労働同一賃金ガイドライン（短時間・有期雇用労働者及び派遣労働者に対する不合理な待遇の禁止等に関する指針）

65歳以降の再雇用者の待遇はどうするか？

65歳までの賃金設定との相違を確認する。将来の人事制度や
賃金設計は、70歳までの雇用を見据える必要がある

　65歳から70歳までの就業確保（高年齢者就業確保措置）であろうと、
60歳から65歳までの雇用確保（高年齢者雇用確保措置）であろうと、
均衡待遇・均等待遇（同一労働同一賃金）の判断枠組みは共通する。

　60歳から70歳までの再雇用者が、有期契約労働者で勤務時間も同じ
場合、再雇用者間の待遇差は均衡待遇・均等待遇（同一労働同一賃金）
の問題にはならない。しかし、60歳から65歳までの5年間の再雇用契
約における基本給が正社員の約6割として設定され、65歳以降も職務
内容が同じなのに賃金だけが減額されるのであれば、かかる減額の根拠・
理由が問題とされる可能性がある。　図106 や 図107 を参照しつ
つ、定年後再雇用者の賃金（基本給）の設定方法にまでさかのぼった検
討が必要である。

　定年退職者の生活保障（年収維持）の要請は、基本給ではなく調整給
で対応することも可能である。再雇用者の待遇設定において、定年退職
時（正社員時）を基準にすれば、60歳から70歳までの10年間の長きに
わたり、正社員の待遇を承継した議論が繰り返される。

　定年退職の数年前から役職定年となり、定年退職までの間は業務を相
当軽減する場合、定年退職前後の業務内容は変わらないのに給与だけが
定年退職後に大幅減額となるケースも想定される。今後は、定年退職前
の担当業務から見直しが必要なケースも出てくるだろう。

　日本における労働力人口の減少は不可避であり、企業においては、高
齢者の活用が重要になっている。もっとも、ポスト待ちのシニア層に役
職が独占された結果、企業の活力低下や人材流出が起きないように注意
する。年長者を敬う社風は尊くとも、若手社員の不登用やこれによる離
職（転職）を正当化する理由にはなるまい。

図106　65歳までの契約更新と65歳からの契約更新の制度比較

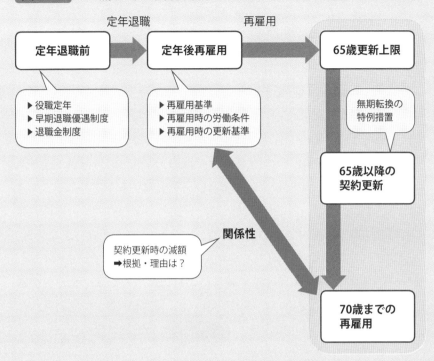

定年退職　　　　　　　　　再雇用

定年退職前 → 定年後再雇用 → 65歳更新上限

▶ 役職定年
▶ 早期退職優遇制度
▶ 退職金制度

▶ 再雇用基準
▶ 再雇用時の労働条件
▶ 再雇用時の更新基準

無期転換の特例措置

65歳以降の契約更新

関係性

契約更新時の減額
➡根拠・理由は？

70歳までの再雇用

図107　定年後再雇用時と65歳以降の待遇設定の留意点

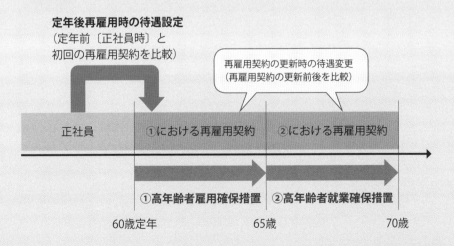

定年後再雇用時の待遇設定
（定年前〔正社員時〕と
初回の再雇用契約を比較）

再雇用契約の更新時の待遇変更
（再雇用契約の更新前後を比較）

正社員　　①における再雇用契約　　②における再雇用契約

①高年齢者雇用確保措置　　②高年齢者就業確保措置

60歳定年　　　　　　　65歳　　　　　　　70歳

Q89 派遣先均等・均衡方式による待遇設定の注意点は？

派遣先からの待遇情報の提供が得られるかがポイントであり、待遇情報の範囲や管理方法を共通認識にしておく必要がある

　派遣元（派遣会社）が派遣社員の待遇を決定する方式は、派遣先均等・均衡方式（派遣先の通常の労働者との均等・均衡待遇の確保）とQ90の労使協定方式（一定の要件を満たす労使協定による待遇の確保）の選択制になった。派遣先均等・均衡方式は、派遣先の通常の労働者（比較対象労働者）と比較して均等待遇・均衡待遇を実現する方式であり（労働者派遣法30条の3）、派遣先は比較対象労働者の職務内容や待遇内容等の情報を派遣元に提供する必要がある。

　派遣社員の待遇設定に関する規制内容は、厚生労働省WEBサイトのリーフレットやQ＆A等で確認できる。これは派遣元だけでなく、派遣先でも共通認識としておく。検討段階では、 **図108** で労働者派遣契約の締結手順とセットで確認し、 **図109** で労働者派遣法とパート・有期法の適用関係も整理しておく。

　派遣元が派遣先均等・均衡方式を選択した場合、派遣社員の待遇、特に職務の内容に密接に関連する待遇は派遣先の変更によって影響を受けるので、これに対応した賃金制度等を準備する。派遣先均等・均衡方式では、派遣先から適切に待遇情報の提供を受けられるのか、提供を受けた待遇情報を適切に管理できるのか、が重要である。派遣先から待遇情報の提供がなければ、労働者派遣契約が締結できないからである（労働者派遣法26条9項）。

　他方、派遣先は、自社が雇用する社員の待遇情報の提供に当たり、①比較対象者をどのように選定するか、②どの範囲で情報提供するか、③どのような方法で提供するのか、を労働者派遣契約の締結前から検討しておく必要がある。また、提供した情報の適切管理や目的外利用防止のために、派遣元と締結する労働者派遣契約の整備が重要になる。

212

図108　派遣社員の待遇設定（派遣先均等・均衡方式）

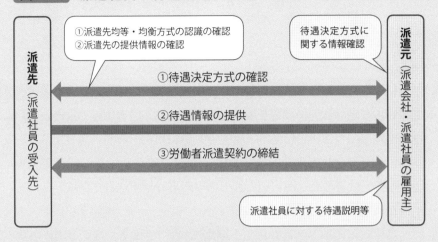

図109　派遣先均等・均衡方式における待遇差の比較対象

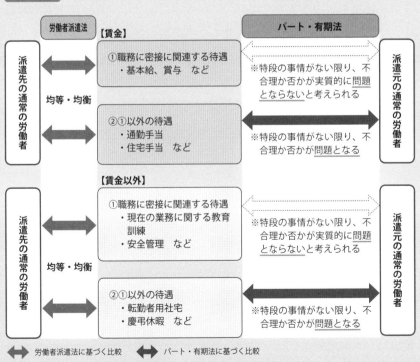

資料出所：厚生労働省「不合理な待遇差解消のための点検・検討マニュアル」

第9章　非正規社員を巡る諸問題（同一労働同一賃金・待遇設定）　213

Q90　労使協定方式における待遇設定の注意点は？

労使協定の内容（賃金の設定方法）に加え、従業員代表の選出
方法にも注意する。派遣先は派遣料金の配慮義務にも留意

　労使協定方式は、派遣元が過半数労働組合または過半数代表者と労働
者派遣法が定める労使協定を締結した場合には、教育訓練の実施と福利
厚生施設（給食施設・休憩室・更衣室）の利用を除いて当該労使協定に
基づいて待遇を決定する方式であり（同法30条の４）、Q89の派遣先均
等・均衡方式よりも労使協定方式のほうが多く採用されている。

　労使協定方式でも、派遣先均等・均衡方式と同様、　図110　で労働
者派遣契約の締結手順を確認し、　図111　で労働者派遣法とパート・
有期法の適用関係を整理することも意識する。

　労使協定方式を選択した場合、労使協定の締結手続きや協定内容の遵
守とそのチェック体制が重要になる。過半数代表者の選出手続きは「労
使協定に関するQ＆A【第３集】」に解説がある。労使協定に定められた
事項を遵守・実施していない場合、派遣先均等・均衡方式が適用される
場合がある点に注意する（同法30条の４第１項ただし書き）。

　労使協定に定める賃金水準は「一般賃金」と同等以上である必要があ
り、職業安定局長の通達で示される（一定条件を満たせば独自統計等を
用いる方法も可能）。一般賃金と「同等以上」かは、賃金全体を時給換
算して比較するが、通勤手当と退職金では分離した比較も可能である。

　派遣先としては、派遣元に提供する待遇情報の範囲は労使協定方式の
ほうが限定されるメリットがあるが、労使協定方式に則った派遣社員の
待遇実現のために派遣元から派遣料金の値上げ要請を受ける可能性があ
る点を視野に入れる（同法26条11項が規定する派遣先の派遣料金に関
する配慮義務参照）。また、派遣元と締結する労働者派遣契約では、労
使協定方式に不備があった場合、派遣元に対して直ちに是正措置を講じ
るように求めることができる内容にしておくべきである。

214

図110　派遣社員の待遇設定（労使協定方式）

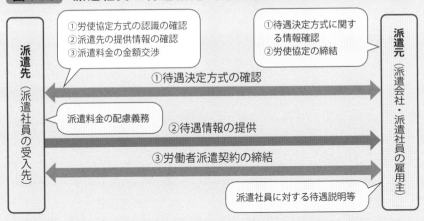

①労使協定方式の認識の確認
②派遣先の提供情報の確認
③派遣料金の金額交渉

①待遇決定方式に関する情報確認
②労使協定の締結

派遣先（派遣社員の受入先）

派遣元（派遣会社・派遣社員の雇用主）

①待遇決定方式の確認

派遣料金の配慮義務

②待遇情報の提供

③労働者派遣契約の締結

派遣社員に対する待遇説明等

図111　労使協定方式における待遇差の比較対象

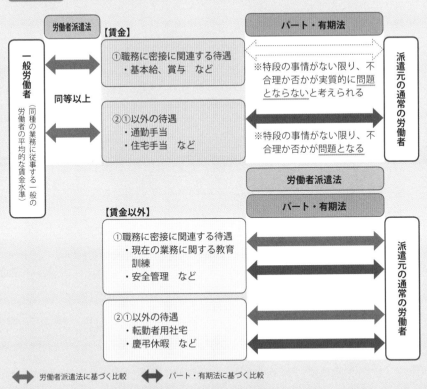

労働者派遣法

【賃金】

パート・有期法

一般労働者（同種の業務に従事する一般の労働者の平均的な賃金水準）

①職務に密接に関連する待遇
・基本給、賞与　など

※特段の事情がない限り、不合理か否かが実質的に問題とならないと考えられる

同等以上

②①以外の待遇
・通勤手当
・住宅手当　など

※特段の事情がない限り、不合理か否かが問題となる

派遣元の通常の労働者

労働者派遣法

パート・有期法

【賃金以外】

①職務に密接に関連する待遇
・現在の業務に関する教育訓練
・安全管理　など

②①以外の待遇
・転勤用社宅
・慶弔休暇　など

派遣元の通常の労働者

◆▶　労働者派遣法に基づく比較　　◆▶　パート・有期法に基づく比較

資料出所：厚生労働省「不合理な待遇差解消のための点検・検討マニュアル」

トラブル対応・その他の労務問題

第10章

　最終章では、労使トラブルの種類・解決機関別に対応手順や近時話題となっているテーマを紹介する。

　会議で出席者からのさまざまな質問が想定されると、パワーポイントに詳細な解説文章を詰め込んで、説明漏れの指摘を回避したくなるが、それでは文字情報のレイアウトにすぎない。一歩進んで手順を意識した図表を作ってほしい。

Q91 テレワークを検討する場合の注意点は？

テレワークの趣旨・目的を整理して検討する。労働時間の把握、モニタリング、費用負担がポイントになる

　テレワークの導入では、①新型コロナウイルスの感染防止、②育児・介護のための通勤負担の軽減・離職防止、③労働者の意欲向上や人材獲得といった議論が混在しがちである。検討手順は 図112 のとおりであり、①②③の区別を意識する必要がある。

　現状の通常勤務以外でも、裁量労働制やフレックスタイム制、管理監督者や事業場外労働等の労働時間制度・勤務形態がある。これらがテレワークに移行しても、労働時間の把握・管理は必要である。

　企業で使えるIT技術と費用のほか、業態によって、テレワークの業務効率や勤怠管理の精度は大きく異なる。テレワーク中のパソコンにモニタリングやログの閲覧・解析を行う場合は、就業規則等に根拠規定を設け、運用面では業務を離れた過度の監視にならないように注意する（東起業事件　東京地裁　平24.5.31判決参照）。

　労務管理上の留意点は、テレワークの適切な導入及び実施の推進のためのガイドラインに網羅的に記載されている。

テレワークの制度設計
【就業場所】➡自宅に限定するか？　海外・旅行先等での勤務も認めるか？ 【対象者】➡希望者に限定するか？　非正規社員も対象にするか？ 【業務遂行】➡どのように企業内の情報にアクセスするか？ 【規則・書面】➡規則の適用範囲は？　個別事案は合意書・誓約書で対応するか？
【出退勤管理】➡遅刻・欠勤の取り扱い 【労働時間】➡記録方法・修正方法　※現状の労働時間制度との整合性 【手当】➡精皆勤手当・在宅勤務手当・通勤手当
【人事評価】➡管理者 【連絡方法】➡個別メール・チャット・クラウドの利用
【相談窓口】➡ネット環境のトラブル、孤独感によるメンタルヘルス不調 【問題社員】➡テレワーク・在宅勤務の中止、モニタリング

図112 テレワークの検討手順

【現状確認】
❶育児・介護等における在宅勤務の有無・運用
❷事業場外労働・フレックスタイム制等の労働時間制度
❸出退勤の管理システム

【導入目的の整理】
❶感染防止措置
❷通勤負担の軽減・離職防止措置
❸意欲向上・人材獲得の措置

【実施規模の検討】
❶実施の目的・部署・想定人数
❷必要なIT機器・予算の見積もり
❸社内規程類の整備
　▶就業規則や労働協約等の改定
　▶在宅勤務規程の新設・改定
　▶パソコン等の利用規程の改定
　▶労働契約書・派遣契約書等の改定
　▶各種誓約書・申請書の整備

テレワークに関する助成金を申請する場合、支給要件を確認

人事・労務部門のほか、IT部門からもメンバーを選出

【スケジュール設定】
❶運用マニュアルの作成
❷社内説明会の実施

〔運用改善〕
　▶社内アンケートの実施
　▶IT機器の更新
　▶運用・規程の修正・見直し

テレワークの費用と規定

テレワークの費用は、①パソコンや通信機器等の初期費用と、②通信費や事務用品費のような運用費用を分けて考える。②も実費算出・精算は可能だが、算定が難しい場合は「在宅勤務手当」の支給で対応する方法もある。労働基準法89条5号で作業用品等の労働者負担に関する事項は就業規則の相対的必要記載事項とされているが、在宅勤務規程等の別規則で規定することも多い。

Q92 労災事故後の対応における注意点は？

事故発生の直後から裁判等の紛争を想定した対応が必要。検討事項が多岐にわたるので、部署間の情報共有と協力体制が必要

　労災事故が発生したとき、法的紛争に発展する場合を想定した対応が事故当初から必要である。まずは、事故現場の確認・保存が重要であり、①写真・図面等の正確な記録、②当事者関係図や時系列による事実関係の整理のほか、③事実と現場意見を区別して報告させる。対応手順の全体像は **図113** を参照されたい。労災給付の対象となるか否かは行政庁（労働基準監督署長）が判断する。労災申請に非協力な態度をとって、労災隠しや労災給付の遅延が問題にならないよう注意する。

　労災申請があった場合、❶申請書にある事業者証明欄の記載、❷事業主の意見申し出（労災保険法施行規則23条の2）を検討する。労災と認定されなかった場合でも、労働者側から審査請求が行われると、❸証拠開示に関する意見（行政機関の保有する個人情報の保護に関する法律23条1項参照）を求められることがある。労災認定された場合、労災で補填されない部分の損害賠償請求が行われ、❹示談交渉や、❺裁判対応も視野に入れる。❹❺では、企業独自で加入する損害保険（労災上積み補償）の加入や支給要件を確認する。

　そのほか労働安全衛生法上の労働者死傷病報告（労働安全衛生規則97条）や事故報告（同96条）、損害額の算定（逸失利益や控除可能な費用、過失相殺等）、マスメディア対応、安全管理体制、過重労働やハラスメントが原因とされた場合の加害者の責任、労災休業中の解雇制限（労働基準法19条）等の知識が必要になる。

　労働安全衛生法違反では、企業責任・管理者責任が問題となる。刑法犯である業務上過失致死傷罪の成否は、死傷結果に時間・場所が近接した者が問題となる。重大事案では、早期に専門家に相談し一貫した対応がとれるようにする。

図113　労災事故の対応手順

 事故の状況確認

❶現場保存

❷被害者の治療・入院先の手配

❸担当者からの説明

❹法令上の報告義務

 事故の原因・責任関係の確認

❶物理的な事故

　▶場所、時間、業務との関連性

　▶設備、機器の安全性

❷過重労働

　▶労働時間（実労働時間）

　▶健康診断、業務上のストレス

❸ハラスメント

　▶加害行為

　▶前後の行動

【制度・書類の確認】

▶就業規則や労働協約

▶労災保険の制度確認

▶労災上積み補償の制度
　内容の確認

▶死傷病報告

 方針検討

❶被害者・遺族との示談（賠償・謝罪）

❷関係者（上司・加害者）への調査・
　処分

❸社外への対応

　▶労働基準監督署等への報告・プレ
　　スリリース

①専門家の意見確認
②賠償額の試算
③再発防止策
④広報部門との連携

示談対応

▶謝罪、賠償（解決）金額の交渉

▶守秘義務

Q93 過労死問題の初期対応・必要な社内調査は？

損害賠償責任だけでなく企業の信用・評判へのダメージが大きい。初期段階の判断・対応は専門家意見を踏まえて慎重に行う

　過労死か否か（労働者の死亡や自殺が業務における負荷を原因とするか否か）が問題となった場合、現場報告だけでなく独自調査で記録を精査することが必要である。現場が管理責任を回避するために、長時間労働の否定や本人の個人的事情を強調している可能性もある。仮に、本人の私生活に要因があったとしても、かかる個人的事情を企業側で具体的に主張・立証することは困難である。通常業務でも、異動直後や職場の上司等のストレスが大きければ過労死と認定されることがある。労災認定は行政庁（労働基準監督署長）が行うが、企業側でも労災の認定基準（①脳血管疾患及び虚血性心疾患等（負傷に起因するものを除く。）の認定基準、②心理的負荷による精神障害の労災認定基準）を踏まえて労災認定や企業に対する損害賠償請求を想定する。近時は取締役の損害賠償責任（会社法429条1項）に発展するケースもある。以下のチェックリストや 図114 で全体像を意識して対応する。

①労働時間の記録収集	i	労働時間リスト・業務負荷に関する資料 ※本人の申告ベースだけでは不十分（入退室時刻、パソコンの起動時間・メールの送受信時刻） ii 社用携帯電話やパソコンの操作情報、事業場への入退室記録 ※データの保存期間や復旧可能性も確認
②本人の健康情報の確認	i ii	定期健康診断等の医療記録 病気休暇・私傷病休職等の取得状況
③職場情報の確認	i ii iii iv v	上司・同僚へのヒアリング 部署における休職者・離職者の状況 社内の相談窓口・ホットライン 労働基準監督署からの是正勧告・指導票 過重労働による労災や未払い残業代を巡る紛争
④遺族等への対応方法の確認	i ii iii	対応窓口の検討 ※上司等の個人的対応が「企業としての約束・報告」と捉えられる危険性に留意 労災申請に関連する書類の提出方法 ※労働基準監督署に提出する前の確認方法・手順 死亡時に支給される退職金・弔慰金等の金額と受取人の確認

図114 過労死の検討手順

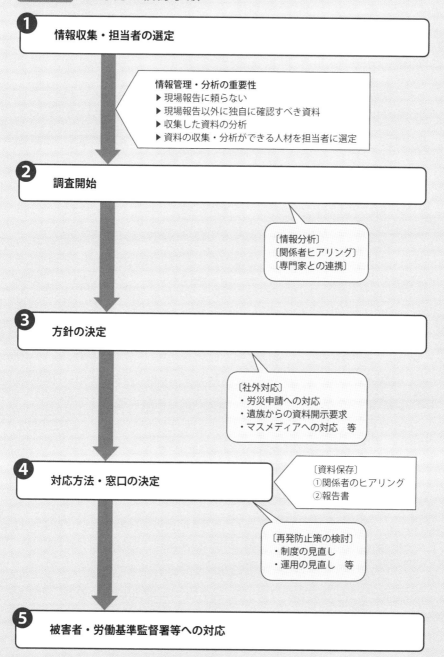

❶ 情報収集・担当者の選定

情報管理・分析の重要性
▶ 現場報告に頼らない
▶ 現場報告以外に独自に確認すべき資料
▶ 収集した資料の分析
▶ 資料の収集・分析ができる人材を担当者に選定

❷ 調査開始

〔情報分析〕
〔関係者ヒアリング〕
〔専門家との連携〕

❸ 方針の決定

〔社外対応〕
・労災申請への対応
・遺族からの資料開示要求
・マスメディアへの対応　等

❹ 対応方法・窓口の決定

〔資料保存〕
①関係者のヒアリング
②報告書

〔再発防止策の検討〕
・制度の見直し
・運用の見直し　等

❺ 被害者・労働基準監督署等への対応

Q94 ハラスメント申告があった場合の対応は？

被害者から配転要求や謝罪文の提示、調査報告を要求されることがある。ハラスメントが認定できないケースもあり、調査対応を巡るトラブルにも注意が必要

ハラスメントの申告は、専門の窓口や人事部等の正式な相談ルートで対応すべきである。上司個人で対応すると、企業としての対応なのか、個人的な対応なのか不明確になる。正式な相談ルートに誘導すべきことを管理職研修等で共通認識にしておく必要がある。

被害申告者からはさまざまな要求が出ることがあるが、抽象的な要求段階で対応や検討を約束すると、過度の期待や無限の配慮要求につながりかねないので、要求を具体化させてから回答する。調査結果のフィードバックや謝罪文、加害者との接触禁止の要求が出ることもあるが、どこまで対応するかは事案による。調査中は加害者とされた者に一時的な部署異動や自宅待機を命じることがあるが、深刻なケースでは接触禁止を誓約させることもある。企業規模によっては配転が難しいケースもあるが、注意指導等を行って職場環境配慮義務違反を問われないようにする。もっとも、申告内容が虚偽・大げさで、加害者とされた上司や同僚の心理的負荷に配慮すべき場合がある点にも注意する。

申告者との対応では、ハラスメントの事実が認定できない場合があることをあらかじめ意識しておく。調査結果のフィードバックに対し、再調査が要求されることもあるが、新証拠や新事実の追加により結論変更の可能性がある場合に限るべきだろう。事情聴取書や調査結果の開示要求があった場合でも、要旨（要約）のみとすべきである。

公益通報者保護法には同法独自の規制がある。公益通報（内部通報）とハラスメントでは相談・申告の窓口を分けるべきである。

ハラスメントの裁判例は肯定例（パワハラの認定例）に着目しがちだが、実務対応を検討するには否定例も重要である。 **図115** では、セクハラやパワハラの否定例や対応手順で参考とすべき裁判例を整理した。

図115　ハラスメントの対応手順

事実関係の確認
❶事実の存在
❷証拠の評価
❸ハラスメントを
　否定する事情

セクハラを否定
・学校法人A学院ほか事件（大阪地裁　平25.11.8判決）
・愛宕産業事件（大阪地裁　平12.4.24決定）
・F社Z事業部事件（東京地裁　平13.12.3判決）

パワハラを否定
❶正当な注意指導・労働者側に問題あり 　・前田道路事件（高松高裁　平21.4.23判決） 　・医療法人財団健和会事件（東京地裁　平21.10.15判決） 　・三洋電機コンシューマーエレクトロニクス事件（広島高 　　裁松江支部　平21.5.22判決） ❷事実が不存在（証拠の信用性なし） 　・東京地裁　平22.7.14判決

❹事実調査以外の
　留意事項

加害者とされた者の負荷
・アンシス・ジャパン事件（東京地裁　平27.3.27判決）

相談窓口の対応（違法性なし）
・サントリー・ホールディングス事件（東京高裁　平27.1.28 　判決）

親会社の対応義務
・イビデン事件（最高裁一小　平30.2.15判決）

❺被害者への報告
❻想定される今後
　のトラブルへの
　対処

被害者側の行動
❶資料開示 　・サントリー・ホールディングス事件（東京高裁　平 　　27.1.28判決） ❷加害者の配転や懲戒処分の要求 　・N商会事件（東京地裁　平31.4.19判決） ❸出社拒否 　・名古屋セクハラ（K設計・本訴）事件（名古屋地裁　平 　　16.4.27判決） ❹記者会見（マタハラ） 　・ジャパンビジネスラボ事件（東京高裁　令元.11.28判決） ❺SNSによる企業批判（パタハラ・不利益取り扱い） 　・三菱UFJモルガン・スタンレー証券事件（東京地裁　令2.4.3 　　判決）

Q95 労働組合との団体交渉・労働協約締結の注意点は？

団体交渉では不当労働行為として問題となる場面・言動を意識する。労働協約による労働条件変更でも限界がある点に注意

団体交渉では不当労働行為（団体交渉拒否・不誠実団交等）が問題となる場面（➡Q96）を意識する。団体交渉に関する一連の流れは 図116 のとおりであり、個別の論点は体系書（基本書）で確認されたい。ポイントは、①団体交渉が必要な場面や労使協議との区別、②団体交渉応諾義務、③団体交渉の方式・態度、④団体交渉の終了時期（労働協約による合意・打ち切り）がある。

①では、労働協約で事前協議・同意の条項が設けられていたり、労使慣行で事前説明をしていたりすることがある。団体交渉前の労使協議でも、その後の団体交渉や組合間差別の問題に発展する可能性がある。

②は、個人事業主の労働者性や、派遣先の使用者性が問題となる。別組合に加入していたり、既に労働協約を締結済みの事項であれば二重交渉として団体交渉応諾義務を負わないことがある。

③では、場所や時間、方式が問題となる。特定の方式にこだわると、団体交渉拒否の問題になる。組合が分裂して社内組合が併存したり、個人加盟のユニオンに加入していると、複数組合との間での中立義務も問題になる。オンライン団交（オンラインで実施する団体交渉）については議論が始まったばかりである。IT機器や通信量の負担については費用援助（労働組合法7条3号）や別組合との差異が問題となり得る。

④では、労働協約の締結により終了するパターンが典型である。労働協約が労働組合法上の効力を有するためには、書面に労使双方が署名捺印することが必要である。労働協約の拘束力も無限定ではない点に注意する（ 図116 の右下参照）。議論が平行線になれば一定のタイミングで団体交渉を打ち切りにせざるを得ないが、その後の団体交渉拒否を理由とした紛争を視野に入れておく。

図116　団体交渉の対応手順

 団体交渉要求書の確認
①加入組合名
②加入日
③団体交渉要求事項
④回答の方式・期限

- ▶加入組合の組織形態・過去の活動実績
- ▶別組合への加入（二重加入）状況
- ▶過去の労使交渉・労働協約との関係

 方針の検討
①形式面
　・担当窓口、交渉担当者
　・団体交渉の場所・日程の確認
②回答方式
③関連紛争・波及効果の確認

- ▶資料は時系列で整理
- ▶過去の交渉方式を確認
- ▶過去の申込書・回答書を確認
- ▶専門家への相談
- ▶情報管理・漏洩防止に留意

 **回答文書の検討**
①就業規則・労働協約との関係性
②法規制との関係
　・企業に対する義務づけの程度
　・裁判に発展した場合の見込み
③別組合・非組合員との関係

〔交渉方式にも注意〕
- ▶記録方法（議事録・録音）
- ▶不当労働行為と受け止められる言動に注意
- ▶他組合との団体交渉（中立義務）

 団体交渉
①団体交渉における議題ごとの回答と説明、質問への回答
②次回日程の設定、次回交渉の積み残し課題の確認

 労働協約の締結
①締結権限、署名・押印
②就業規則等との整合性
③労働組合側の締結権限
④労働協約の適用範囲・拘束力（※）

※労働協約の規範的効力（拘束力）の限界
　・朝日火災海上保険（石堂）事件
　　最高裁一小　平9.3.27判決
　・朝日火災海上保険（高田）事件
　　最高裁三小　平8.3.26判決

Q96 不当労働行為に関する紛争対応の注意点は？

労働委員会の救済命令後の行政訴訟も、視野に入れる。労働委員会における和解交渉の場面では、和解条件の明確化と事後の紛争防止を意識することが重要

不当労働行為の種類は労働組合法7条で規定している。

労働者が組合員であることや、労働組合の結成や加入、労働組合の正当な行為を理由とする解雇等の不利益取り扱いは禁止され（労働組合法7条1号）、労働委員会に対する不当労働行為の申し立て等を理由とする不利益取り扱いも禁止されている（同条4号）。多くの場合、企業側の反組合的意図や組合活動への制約的効果が問題になる。

企業側が団体交渉の開催に応じなかった場合は、同法7条2号の団体交渉拒否が問題になる。団体交渉拒否の中には、不誠実団交も含まれ、企業側の団体交渉における交渉経過や発言・態度が争点になる。労働組合の結成や運営について、企業側が支配介入することも同法7条3号の不当労働行為となる。

労働者の多数を組合員とする労働組合は交渉力が強く、企業との利害対立も労使協議等で解決できることも多い。そのため、不当労働行為の救済申し立ては少数組合や個人加盟のユニオン（合同労組）が行うことが多い。

不当労働行為に関する事件対応の全体像は **図117** のとおりである。労働委員会側の和解打診でも、裁判所における和解交渉とは進行が大きく異なる。和解交渉や和解内容を巡って事後のトラブルに発展しないよう、経験のある弁護士を代理人としたほうが無難である。

労働委員会での係争中は、紛争の経過や企業側に対する批判投稿がインターネット上で行われることもある。和解の際は、企業やその役職員に対する批判や上記係争に関する投稿がないかを確認し、投稿削除や和解の具体的内容等の投稿をしないことを和解条項化することがある。

228

図117 不当労働行為事件の手続き

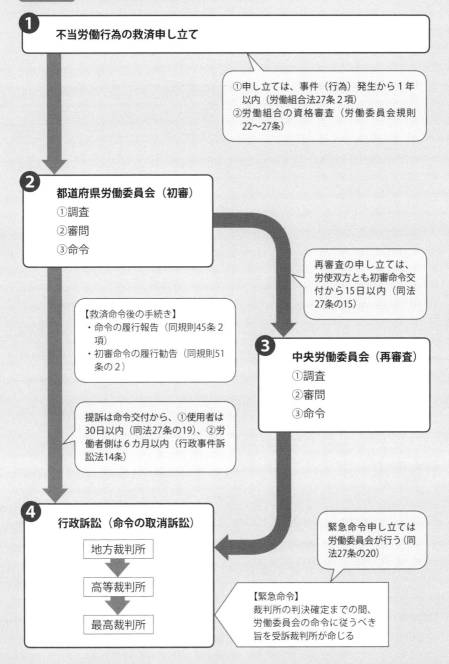

① 不当労働行為の救済申し立て

①申し立ては、事件（行為）発生から1年以内（労働組合法27条2項）
②労働組合の資格審査（労働委員会規則22〜27条）

② 都道府県労働委員会（初審）
①調査
②審問
③命令

再審査の申し立ては、労使双方とも初審命令交付から15日以内（同法27条の15）

【救済命令後の手続き】
・命令の履行報告（同規則45条2項）
・初審命令の履行勧告（同規則51条の2）

③ 中央労働委員会（再審査）
①調査
②審問
③命令

提訴は命令交付から、①使用者は30日以内（同法27条の19）、②労働者側は6カ月以内（行政事件訴訟法14条）

④ 行政訴訟（命令の取消訴訟）

地方裁判所

高等裁判所

最高裁判所

緊急命令申し立ては労働委員会が行う（同法27条の20）

【緊急命令】
裁判所の判決確定までの間、労働委員会の命令に従うべき旨を受訴裁判所が命じる

Q97 裁判（訴訟・労働審判等）の対応方法の注意点は？

事実関係を時系列で整理し、資料は社内報告書ではなく現物（原本）を確認する。広報や和解を見据えた対応も必要

　訴訟や労働審判の対応では、事件対応を委任した弁護士（代理人）の指示に従って、資料収集や事実関係の確認、書面の確認や和解等に関する社内決裁をとることになる。事実関係や保管されている証拠、社内規程等によって、裁判対応の負担は大きく異なるが、全体として注意すべき点を述べておく。

　まずは、時系列の確認である。書類で西暦と和暦が混在するなどして記憶違いをしていることもあるので、時系列表を作成して確認する。時系列表には、証拠資料も併記して整理し、その際は現物資料が必要である。社内報告書だけで事案を整理すると、報告者の主観が入り、実際の証拠資料と整合していなかったり、重要な事実が漏れている可能性があるので注意する。和解対応では、事前に希望内容をすべて盛り込んだ和解条項案を作成しておき、解決金の金額を除いた事項と並行して交渉する。五月雨で和解条項を提案すると、解決金の金額交渉が蒸し返されることがあるので、最初の和解条項案が重要になる。

　企業側の対応でいうと、訴訟よりも労働審判のほうがスピード重視であるため、初期対応の負担が大きい。労働審判の手続きの全体像は **図118** で説明した。労働審判では、第１回期日が勝負であり、企業側は、①法律上の主張、②前記①を裏づける事実関係の説明、③前記②を裏づける証拠、④労働審判期日において事実関係を説明する担当者の手配、⑤和解条項の検討をしておかなければならない。労働審判であっても、和解で解決できるとは限らず、訴訟に移行することもある。

　労働者側が記者会見やSNS等で情報発信することもあるので、広報部門との連携が必要なケースもある。デジタル情報の解析・復元が必要な場合は、専門業者の選定も含めて早期の手配が必要である（➡Q99）。

図118　労働審判の手続き

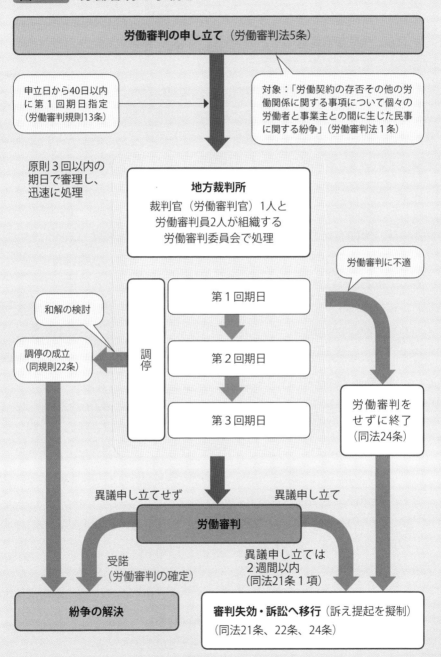

労働審判の申し立て（労働審判法5条）

申立日から40日以内に第1回期日指定（労働審判規則13条）

対象：「労働契約の存否その他の労働関係に関する事項について個々の労働者と事業主との間に生じた民事に関する紛争」（労働審判法1条）

原則3回以内の期日で審理し、迅速に処理

地方裁判所
裁判官（労働審判官）1人と労働審判員2人が組織する労働審判委員会で処理

和解の検討

調停の成立（同規則22条）

調停

第1回期日

第2回期日

第3回期日

労働審判に不適

労働審判をせずに終了（同法24条）

労働審判

異議申し立てせず

異議申し立て

受諾（労働審判の確定）

異議申し立ては2週間以内（同法21条1項）

紛争の解決

審判失効・訴訟へ移行（訴え提起を擬制）（同法21条、22条、24条）

Q98 労働局のあっせん・労働基準監督署の是正勧告の対応は？

早期解決できる可能性があるなら労働局のあっせんは有益。労働基準監督署の是正勧告では、再調査を想定した是正報告・改善措置を講じる

［1］ 都道府県労働局（紛争調整委員会）のあっせん

　個別労働関係紛争解決促進法に基づき、個別労働紛争について「労働局長による助言・指導」や「紛争調整委員会によるあっせん」が行われることがある。あっせんへの対応の流れは　図119　のとおりである。

　あっせんへの参加は任意であり、法的な出頭義務はない。検討すべきは、あっせん段階で紛争の早期解決を試みるか否かである。あっせんの期日は、原則として1回で終了し、時間は2〜3時間程度である。そのため、あっせん期日で個別の争点に関する詳細な主張立証を行うことは不可能である。書面を提出する場合は、ポイントを絞った簡潔なものとし、和解案は事前に準備する。また、あっせん期日の当日には、和解交渉や最終的な和解案の受諾についての社内決裁が可能な準備をあらかじめ手配しておく必要がある。

［2］ 労働基準監督署の是正勧告

　労働基準監督官が、立入調査（臨検監督）等で労働基準法や労働安全衛生法違反を発見した場合に、事業主に対して違反事項を指摘し、期日を指定して是正を命じることが是正勧告であり、その際に交付されるのが是正勧告書である。指導票は、直接の法違反ではないが、改善点や改善方法を記載して交付されるものである。

　是正勧告の対応手続きは　図120　のとおりである。是正勧告や指導を受けた場合には、その理由や根拠規定を確認した上で、改善内容を報告（是正報告）する。是正勧告は、行政訴訟で取り消しを求めることができないとする裁判例がある。重大事案では、企業からの最終報告前に中間報告や意見書を提出することがある。残業代の遡及払いや就業規則等の制度変更が必要なケースでは、慎重な対応が必要である。

図119 労働局のあっせんの対応

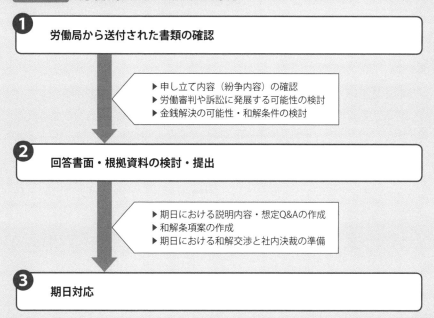

1 労働局から送付された書類の確認

- ▶ 申し立て内容（紛争内容）の確認
- ▶ 労働審判や訴訟に発展する可能性の検討
- ▶ 金銭解決の可能性・和解条件の検討

2 回答書面・根拠資料の検討・提出

- ▶ 期日における説明内容・想定Q&Aの作成
- ▶ 和解条項案の作成
- ▶ 期日における和解交渉と社内決裁の準備

3 期日対応

図120 労働基準監督署の是正勧告等の対応

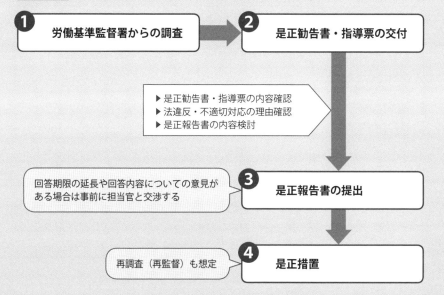

1 労働基準監督署からの調査

2 是正勧告書・指導票の交付

- ▶ 是正勧告書・指導票の内容確認
- ▶ 法違反・不適切対応の理由確認
- ▶ 是正報告書の内容検討

回答期限の延長や回答内容についての意見がある場合は事前に担当官と交渉する

3 是正報告書の提出

再調査（再監督）も想定

4 是正措置

社内情報の保全・調査で注意すべき点は？

デジタルデータの検索・復元が重要である。復元作業は専門業者に依頼する。経験のある弁護士等から依頼したほうが無難

　社用パソコンを使って情報流出や不正業務を行っていた場合、データの復元（デジタルフォレンジック）によって問題行動を立証できることがある。データの復元は専門業者に依頼すべきである。時間が経過するほど復元が困難になるので、早めの検討が必要である。証拠の収集・保全方法を就業規則で規定する場合、網羅的・固定的な条項は実務的ではなく、以下のような概括的な根拠規定を設けることが多い。

> 「会社は、懲戒処分その他の不正行為の発見・調査・防止のため、証拠等の収集・保全その他必要な措置を講じることができる」

　会社貸与のパソコン等のデータ提出を労働者側に命じる場合、経過を記録に残すため、当該労働者に対して提出データ等の改変禁止を命じたり、データ提出をさせる場合、命令書や提出書に以下のような文章を追加することがある。これらの手順は　**図121**　を参照されたい。

【提出命令・改変禁止を命じる文書にプラスする文章】
「……●日までに以下の書類を提出するよう命じます。本書面を受領後、以下の書類を含め、本件に関する資料やデータについて改変を行うことを禁じます。必要な確認事項があれば、上司を通じて行ってください。」

【データの提出書面にプラスする文章】
「貴社から●日に資料提出に関する指示を受けた後、資料やデータの改変その他証拠隠滅・改変と疑われる行為は一切していないことを約束いたします。」

　テレワークの増加によって、社員が業務で使用するパソコンをオンラインでモニタリング（監視）することがある。モニタリングの留意点は、個人情報保護委員会のQ&A（「『個人情報の保護に関する法律についてのガイドライン』及び『個人データの漏えい等の事案が発生した場合等の対応について』に関するQ&A」令3.6.30更新）の「Q4-6（従業者の監督）」に説明がある（テレワークについてはQ91も参照）。

図121　デジタルデータの提出要求・復元作業の手順

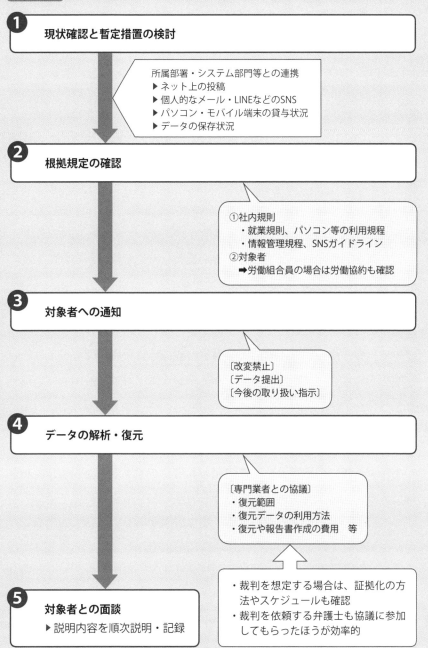

❶ 現状確認と暫定措置の検討

所属部署・システム部門等との連携
▶ ネット上の投稿
▶ 個人的なメール・LINEなどのSNS
▶ パソコン・モバイル端末の貸与状況
▶ データの保存状況

❷ 根拠規定の確認

①社内規則
　・就業規則、パソコン等の利用規程
　・情報管理規程、SNSガイドライン
②対象者
　➡労働組合員の場合は労働協約も確認

❸ 対象者への通知

〔改変禁止〕
〔データ提出〕
〔今後の取り扱い指示〕

❹ データの解析・復元

〔専門業者との協議〕
・復元範囲
・復元データの利用方法
・復元や報告書作成の費用　等

・裁判を想定する場合は、証拠化の方法やスケジュールも確認
・裁判を依頼する弁護士も協議に参加してもらったほうが効率的

❺ 対象者との面談
▶ 説明内容を順次説明・記録

Q100　人事労務の分野における AI の活用は？

①情報取得・利用に関する同意、②人間による最終決定・判断の必要性、③データ分析への納得性がポイントになる

　企業が実施する情報の取得・利用に労働者側の同意が必要か、同意を得る場合には、いかなる方法をとるかが問題になる。個人情報保護法では「本人の同意」を要する場面について規制があるが、労働法における各種規制や裁判例も踏まえた検討が必要である。職場で得られる情報は膨大であり、これらの情報で労働者個人の属性をスコア化することもいずれ可能となろう。労働者の同意の過程を電子的に記録化することは比較的容易でも、同意の前提となる説明を読んでいたのか、仮に読んだとしても概括的な同意に基づき想定外の使われ方をしていた場合に上記の「同意」で有効といえるのかは難問である。

　人事の判断をAIに代替させられるかという問題もある。AIによる解析が複雑な計算手法をとっている場合、❶考慮した事情、❷考慮しなかった事情、❸考慮の程度、❹前記❶❷❸の理由を労働者が理解可能な内容で説明すること、は困難である。人事異動や懲戒処分等の措置は、裁判等で有効性が争われる可能性があり、最終判断に人間が関与することは不可欠だろう。また、システム障害の可能性もあるので、完全にAIに人事を代替させることはリスクが大きい。

　データ分析への納得性という問題もある。データ上では適切な人事評価であり、人間よりも正確かつ偏りも少ないとしても感情面で受け入れ難い人も多いだろう。人間による丁寧な説明があっても成果の出ない人事か、AIの判断が理解不能でも成果が出る人事かを選択すべきときが将来的に来るかもしれない。問題社員や懲戒処分等に関するデータが自社では不十分で、データの収集・提供・分析を専門業者に委託することも考えられるが、他社（外部）の分析が自社に妥当するかの問題もある。議論は始まったばかりだが、AIの活用場面を　図122　で整理した。

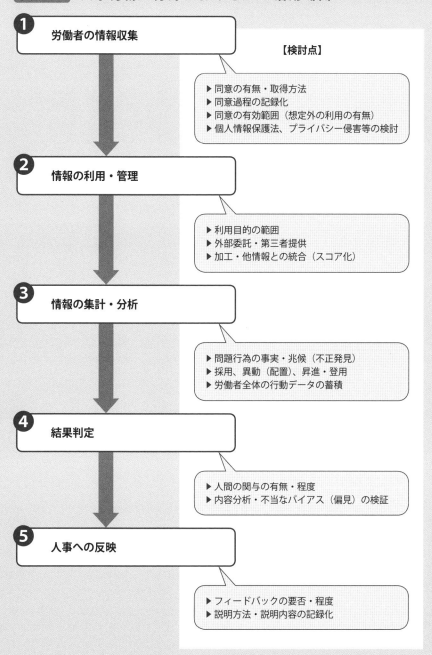

図122 人事労務の分野におけるAIの活用場面

❶ 労働者の情報収集

【検討点】

- ▶ 同意の有無・取得方法
- ▶ 同意過程の記録化
- ▶ 同意の有効範囲（想定外の利用の有無）
- ▶ 個人情報保護法、プライバシー侵害等の検討

❷ 情報の利用・管理

- ▶ 利用目的の範囲
- ▶ 外部委託・第三者提供
- ▶ 加工・他情報との統合（スコア化）

❸ 情報の集計・分析

- ▶ 問題行為の事実・兆候（不正発見）
- ▶ 採用、異動（配置）、昇進・登用
- ▶ 労働者全体の行動データの蓄積

❹ 結果判定

- ▶ 人間の関与の有無・程度
- ▶ 内容分析・不当なバイアス（偏見）の検証

❺ 人事への反映

- ▶ フィードバックの要否・程度
- ▶ 説明方法・説明内容の記録化

■著者紹介

高仲幸雄（たかなか ゆきお）

弁護士（中山・男澤法律事務所）
早稲田大学法学部卒業。2003年弁護士登録、中山慈夫法律事務所（現中山・男澤法律事務所）に入所。国士舘大学21世紀アジア学部非常勤講師。
主な著書に、『同一労働同一賃金Q＆A―ガイドライン・判例から読み解く』（経団連出版）、『実務家のための労働判例読みこなし術』（労務行政）、『優秀な社員を確保できる人事労務制度使いこなしマニュアル』（中央経済社）、『働き方改革関連法対応Q＆A改正労働時間法制のポイント』（新日本法規）ほか多数。

カバー・本文デザイン／エド・グラフィック・デザイン
印刷・製本／株式会社 ローヤル企画

図解 人事・労務の基本と実務
────────────────────────

2021年8月30日　初版発行

著　者　高仲幸雄

発行所　株式会社 **労務行政**
　　　　〒141-0031　東京都品川区西五反田3-6-21
　　　　　　　　　　住友不動産西五反田ビル3階
　　　　TEL：03-3491-1231
　　　　FAX：03-3491-1299
　　　　https://www.rosei.jp/
────────────────────────

ISBN978-4-8452-1441-9
定価はカバーに表示してあります。
本書内容の無断複写・転載を禁じます。
訂正が出ました場合、下記URLでお知らせします。
https://www.rosei.jp/static.php?p=teisei